Birgit Ennemoser, Judith Dwenger

Ratgeber Gehaltsextras

9. Auflage

- Möglichkeiten der Entgeltoptimierung
- Unterstützung bei der Beschäftigtensuche und -bindung

Ratgeber Gehaltsextras, 9. Auflage

ISBN: **978-3-96276-097-7**
Verlag: DATEV eG, 90329 Nürnberg
Stand: Januar 2023
Art.-Nr.: 35859/2023-01-01
Titelbild: © Fabio – www.stock.adobe.com
Druck: CPI Books GmbH, Birkstraße 10, 25917 Leck

© 2023 Alle Rechte, insbesondere das Verlagsrecht, allein beim Herausgeber.

Die Inhalte wurden mit größter Sorgfalt erstellt, erheben keinen Anspruch auf eine vollständige Darstellung und ersetzen nicht die Prüfung und Beratung im Einzelfall.

Dieses Buch und alle in ihm enthaltenen Beiträge und Abbildungen sind urheberrechtlich geschützt. Mit Ausnahme der gesetzlich zugelassenen Fälle ist eine Verwertung ohne Einwilligung der DATEV eG unzulässig.

Im Übrigen gelten die Geschäftsbedingungen der DATEV eG.

Angaben ohne Gewähr

Auch als E-Book erhältlich unter ISBN: 978-3-96276-098-4

Birgit Ennemoser

Nach einem klassischen betriebswirtschaftlichen Studium mit Schwerpunkt Personal und Recht stieg Birgit Ennemoser direkt in die Personalarbeit ein und lernte diese von Grund auf kennen.

Heute ist Frau Ennemoser mit mehr als 25 Jahren praktischer Erfahrung in den verschiedenen Sparten des Personalwesens vorrangig beratend und als Trainerin und Seminarleiterin in vielfältigen Inhouse-Seminaren tätig und widmet sich immer wieder verschiedenen Fachthemen als Autorin unter praktischen Gesichtspunkten.

Seit 2009 leitet Frau Ennemoser das Geschäftsfeld Personal Services von Auren in Stuttgart. In enger Zusammenarbeit mit den weiteren Geschäftsfeldern von Auren – der Wirtschaftsprüfung, Steuerberatung und Rechtsberatung – betreut sie gemeinsam mit ihren Mitarbeitern Firmenkunden im Rahmen personeller Belange rund um die Entgeltabrechnung, aber auch im gesamten Konstrukt der betrieblichen Personalarbeit. Schwerpunkt bildet die Entgeltabrechnung, sodass Frau Ennemoser pro Jahr zwischen 100 und 200 Lohnsteuer-Außenprüfungen sowie Sozialversicherungsprüfungen direkt begleitet, damit also auch direkt in der Praxis dessen steht, was Prüfer an Fragen in diesen Abläufen stellen. Darüber hinaus ist sie in der Beratung von Fragestellungen rund um diese Prüfungen tätig und begleitet Unternehmen rund um das Prüfungsgeschehen, auf Wunsch beginnend bei der Aufbereitung der Unterlagen bis hin zur Sichtung von Prüfungsberichten.

Die Kenntnisse, die in der Praxis aus der Ausführung von regelmäßig 200.000 Abrechnungen entstehen, geben Einblicke in eine Vielzahl an Tarifgebieten, aber auch verschiedenen Branchen mit für diese jeweils typischen Herausforderungen. Die Nutzung verschiedener Abrechnungssysteme gibt enge Bezüge zur praktischen Umsetzbarkeit von Nettoentgeltoptionen. Frau Ennemoser ist damit eine Expertin in den fachlichen Grundlagen, die sich diesen aber immer auch aus praktischer Sicht nähert und deren Hinweise von vielen unserer Leser immer gerne genutzt werden.

Judith Dwenger

Judith Dwenger studierte Betriebswirtschaftslehre mit Schwerpunkt Internationales Marketing. Darüber hinaus erwarb sie berufsbegleitend einen MBA in General Management.

Den Schwerpunkt ihrer Tätigkeit bildete aber rasch das Personalwesen. Hier war Judith Dwenger zunächst als Generalistin mit allen Belangen des Personalmanagements befasst. Seit einigen Jahren ist sie bei der Auren Personal GmbH für die Entgeltabrechnung von nationalen und internationalen Mandanten verantwortlich und betreut Projekte im Bereich der Entgeltabrechnung in diesen Mandantenstrukturen. Dabei beschäftigt sie sich Tag für Tag mit den Anforderungen unterschiedlichster Firmen aus verschiedenen Branchen und ist insbesondere im Bereich der Umsetzung von individuellen Entgeltlösungen aktiv. Als Referentin kümmert sie sich federführend um die Einarbeitung neuer Kolleginnen und Kollegen in diese Abrechnungsbereiche und betreut als Koordinatorin zahlreiche Sonderlösungen in diesem Umfeld.

Editorial

Nettoentgelte erhöhen – Möglichkeiten dazu?

Noch während sich im zweiten Corona-Winter eine Entspannung der Lage abzeichnete und Hoffnung auf ein Ende des Krisenmodus bestand, begann am 24.02.2022 der Russisch-Ukrainische Krieg, der uns alle direkt in die nächste kritische Situation führte. Die Energiekrise und die deutlich erhöhte Inflation sind Konsequenzen hieraus, die Arbeitgeber und Arbeitnehmer vor neue Herausforderungen stellen. Die Preissteigerungen werden uns nach einhelliger Meinung von Experten sicher einige Zeit begleiten.

Die für viele Arbeitnehmer spürbare Verschlechterung ihrer wirtschaftlichen Lage kombiniert mit den eher düsteren Aussichten für die weitere Entwicklung in vielen Bereichen wird auch zunehmend zur psychischen Belastung. So bleibt die Herausforderung, auch am Arbeitsplatz gesund und sicher zu bleiben. Kann man in den gegenwärtigen Zeiten eine besondere Vergütung gewähren oder durch diese Entlastung schaffen?

Die Bundesregierung hat mit der steuer- und sozialversicherungsfreien Inflationsausgleichsprämie in Höhe von 3.000 Euro eine Möglichkeit geschaffen, die zwischen dem 26.10.2022 und dem 31.12.2024 Auszahlung finden kann und schon jetzt vielfach von den Arbeitgebern zum Einsatz gebracht wird. Zudem wurde durch die Anhebung von Grundfreibeträgen, Kinderfreibeträgen und Kindergeld weitere Entlastungen für Arbeitnehmer geschaffen. Diese werden jedoch nur in den wenigsten Fällen ausreichend sein, um die Preiserhöhungen voll abzufangen.

Daher stellt sich seitens der Arbeitgeber auch in dieser Situation die Frage, welche weiteren Optionen bestehen, die nutzbar sind. Wie kann ich meinem Mitarbeiter im Homeoffice eine Unterstützung für Strom oder Telefonkosten zukommen lassen, die nicht als Bruttozahlung wieder um Steuer und Sozialversicherung reduziert wird? Was kann ich für den Gesundheitsschutz tun? Zu diesen Nettoansätzen und vielen weiteren gibt dieser Ratgeber in gewohnter Form Hinweise, zeigt geänderte Rahmenbedingungen für bereits bekannte Bausteine auf und verweist auf neue Rechtsprechung und Überlegungen dazu.

In den letzten Jahren wurde der Einsatz von Gehaltsextras zu einer Art Trend. Ergänzt wurde das Themenfeld in der Umsetzung der Unternehmen durch eine Vielzahl von Beratern, die sich der Ansätze annahmen und diese für Unternehmen aufbereiteten. Bereits seit 2019 erfuhr die anfängliche Begeisterung bei den Arbeitgebern nun wieder Einschränkungen durch negative Ergebnisse in Lohnsteuerprüfungen bzw. deutlich gesagt durch Nachversteuerungen und vor allem auch durch Nachverbeitragungen im Rahmen der Sozialversicherungsprüfung durch die Deutsche Rentenversicherung.

Zur Abgrenzung auf dem Markt – im Verhältnis zu unterschiedlichen Wettbewerbern in der Arbeitgeberschaft – ist die Gewährung von Gehaltsextras aber nach wie vor ein gutes Mittel oder schon Grundvoraussetzung, weil Angebote daraus oftmals schon Bestandteile einer branchentypischen Vergütung geworden sind, also allein schon notwendig sind, um sich im Wettbewerb um gute Arbeitnehmer zu behaupten. Wichtig ist nach wie vor eine sehr sorgfältige Umsetzung, begonnen bei der arbeitsrechtlichen Gestaltung, da diese in der Regel die Grundlage für die steuerliche und final sozialversicherungsseitige Einschätzung bildet.

Psychologisch betrachtet werden Mitarbeiter auf die Gewährung von Gehaltsextras unterschiedlich reagieren; was trotzdem aber nach wie vor – unabhängig von Motivationstheorien wie Herzberg oder Maslow – zu funktionieren scheint, ist die Schaffung von Motivationsanreizen durch finanzielle Mittel. Da die Steigerung der Personalkosten durch hohe Bruttoentgeltanpassungen begrenzt ist, sind weitere Ansätze nach wie vor interessant für Arbeitnehmer und Arbeitgeber.

Hier lohnt es sich, genauer ins Detail zu gehen. Insbesondere, da es bei diesen Überlegungen ja nicht nur darum geht, neue Mitarbeiter zu gewinnen, sondern auch für die Bestandsbelegschaft spannend zu sein und zu bleiben. Die sog. Nettoentgeltoptionen haben ja das Ziel, in Form einer abgabenoptimierten Lohnabrechnung möglichst viel netto unter Abzug von wenig Steuern und Sozialversicherungsanteilen für den Mitarbeiter zu bieten. Viele dieser Ansätze entfalten auch eine erhebliche Bindungswirkung, da man sie eben doch noch nicht überall erhält und oftmals auch nicht direkt von Arbeitgeber zu Arbeitgeber mitnehmen kann.

Es gibt in den deutschen Lohnsteuerrichtlinien mehr als 80 Ansätze für die Reduzierung der Steuerlast. Rein rechtlich ist dies durchaus korrekt, doch wenn man sich näher mit diesen befasst, erkennt man schnell, dass viele in der Praxis nur mit erheblichem administrativem Aufwand abdeckbar sein werden.

Stuttgart, im Januar 2023

Birgit Ennemoser und Judith Dwenger

Mehr zum Thema finden Sie auch unter:
www.datev.de/gehaltsextras

Hinweis:

In dieser Publikation wird aus Gründen der besseren Lesbarkeit in der Regel das generische Maskulinum verwendet. Die verwendete Sprachform bezieht sich auf alle Menschen, hat ausschließlich redaktionelle Gründe und ist wertneutral.

Inhalt

1	Mitarbeiter belohnen	15
2	Entgeltoptimierungsmaßnahmen	18
3	**Voraussetzungen für steuerfreie oder pauschal versteuerte Entgeltbestandteile**	**24**
3.1	Zusätzlichkeitserfordernis	24
3.2	Tarifverträge und Gehaltsextras	31
3.3	Lohnsteuer- und Sozialversicherungsprüfungen	32
4	**Sozialversicherungspflicht bei steuerfreien oder pauschal versteuerten Zahlungen**	**36**
5	**Ermittlung der Pauschalsteuer im Rahmen der Lohnabrechnung**	**40**
5.1	Pauschalierung der Lohnsteuer	40
5.2	Pauschalierung der Kirchensteuer	41
5.3	Pauschalierbare Leistungen	50
5.4	Abwälzung der Pauschalsteuer	51
6	**Entgeltgestaltung durch steuerliche und sozialversicherungsrechtliche Besonderheiten**	**52**
6.1	Steuerfreie Leistungen	52
6.1.1	Arbeitskleidung	53
6.1.2	Aufmerksamkeiten	56

6.1.3	BahnCard	63
6.1.4	Belegschaftsrabatte	67
6.1.5	Betriebliche Altersversorgung	73
6.1.5.1	Heutige Durchführungswege der bAV	74
6.1.5.2	Das Betriebsrentenstärkungsgesetz	76
6.1.5.3	„Altfälle" der betrieblichen Altersversorgung	86
6.1.5.4	„Neufälle" der betrieblichen Altersversorgung	87
6.1.5.5	Gesetzlicher Anspruch des Mitarbeiters	88
6.1.5.6	Betriebliche Altersversorgung und Kurzarbeit	89
6.1.6	Betriebssport	90
6.1.7	Betriebsveranstaltungen	92
6.1.8	Computer	96
6.1.9	Darlehen	99
6.1.10	Dienstleistungen und Waren	102
6.1.10.1	Sachbezugsfreigrenze von 50 Euro	102
6.1.10.2	Warengutscheine	107
6.1.11	Gesundheitsförderung	116
6.1.12	Inflationsausgleichsprämie	122
6.1.13	Job-Tickets und steuerfreie Fahrtkostenzuschüsse	128
6.1.13.1	Personennahverkehr	130
6.1.13.2	Personenfernverkehr	132
6.1.14	Kindergartenzuschüsse und Betreuungskostenübernahme	134
6.1.14.1	Kindergartenzuschüsse	134
6.1.14.2	Zuschüsse zur Beratung und Vermittlung von Kinderbetreuung oder der Betreuung pflegebedürftiger Angehöriger	136

6.1.14.3 Steuerfreie kurzfristige Betreuung von Kindern und pflegebedürftiger Angehöriger 137

6.1.15 Kundenbindungsprogramme 138

6.1.16 Mankogelder 141

6.1.17 Mitarbeiterbeteiligungen/Aktienüberlassung 142

6.1.18 Parkplatzanmietung 148

6.1.19 Reisekosten 149

6.1.19.1 Definition erste Tätigkeitsstätte und arbeitsvertragliche Regelungen 150

6.1.19.2 Arten von Reisekosten 153

6.1.20 Telefonkosten 156

6.1.20.1 Überlassung betrieblicher Telekommunikationsgeräte 156

6.1.20.2 Abrechnung der Telefonkosten von privaten Telefongeräten 158

6.1.21 Umzugskosten 160

6.1.22 Weiterbildungsmaßnahmen 165

6.1.23 Werbeflächenvermietung auf privaten Pkws 169

6.1.24 Werkzeuggelder 170

6.1.25 Wohnungsüberlassung 171

6.2 Pauschalbesteuerte Lohnbestandteile 175

6.2.1 Computer & Co. – Übereignung an Mitarbeiter 175

6.2.2 Erholungsbeihilfen 176

6.2.3 Fahrtkostenzuschüsse 178

6.2.4 Firmenwagen zur privaten Nutzung 181

6.2.4.1 Individuelle Nutzungswertermittlung 182

6.2.4.2 Pauschale Nutzungswertermittlung 185

6.2.4.2.1 Private Nutzung nach der 1 %-Methode 188

6.2.4.2.2	Fahrten zwischen Wohnung und erster Tätigkeitsstätte – 0,03 %-Regelung	190
6.2.4.2.3	Pauschale Nutzungswertermittlung 0,002 % – geringere Nutzung des Firmenwagens oder Ansatz bei Familienheimfahrten	197
6.2.4.2.4	Pauschale Nutzungswertermittlung 0,001 % – gelegentliche Nutzung	199
6.2.4.3	Zuzahlungen zu Firmenwägen – Bruttoentgeltumwandlung – Nettoentgeltumwandlung	202
6.2.4.4	Elektrofahrzeuge und Hybride	203
6.2.5	Fahrräder im Fuhrpark	210
6.2.5.1	Einstufung eines E-Bikes als Fahrrad	212
6.2.5.2	Einstufung als Kraftfahrzeug	215
6.2.5.3	Lohn- und Umsatzsteuer auf eine Schenkung vom Arbeitgeber	217
6.2.6	Incentives	218
6.2.6.1	§ 37b EStG für Mitarbeitergeschenke	219
6.2.6.2	§ 37b EStG für Kundengeschenke	220
6.2.7	Gruppenunfallversicherung	222
6.2.8	Internet – Erstattung von Kosten an den Mitarbeiter	223
6.2.9	Mahlzeiten	224
6.2.9.1	Gewährung von Mahlzeiten in einer eigenen Kantine	224
6.2.9.2	Essensmarken/Restaurantschecks	226
6.2.9.3	Mahlzeiten im Rahmen von außergewöhnlichen Arbeitseinsätzen	227
6.2.10	Unterkunft/Wohnung	227

6.2.11	VIP-Logen	228
6.3	Sonstige Leistungen an den Arbeitnehmer	231
6.3.1	Betriebliche Krankenversicherung	231
6.3.2	Kontoführungsgebühren	234
7	**Einholen Auskunftsersuchen**	**235**
8	**Exkurs Abfindung**	**236**
9	**Exkurs Pfändungen**	**243**
10	**Ausblick**	**247**

1 Mitarbeiter belohnen

Danke sagen war und ist schon immer wichtig. Arbeitgeber bedanken sich bei ihren Arbeitnehmern und wir alle bedanken uns täglich bei Mitarbeitern im Lebensmittelgeschäft, bei Paketboten, bei Kellnern und Bäckern, um nur eine kleine Auswahl an Berufsgruppen zu benennen. Aber gerade diese Berufsgruppen betonen in der Öffentlichkeit vermehrt (insbesondere angesichts der massiven Preissteigerungen im täglichen Leben), dass ein einfaches Danke wichtige Wertschätzung für die geleistete Arbeit zum Ausdruck bringt, aber bei der Beheizung der Wohnung nicht hilft.

Den Dankesmöglichkeiten in finanzieller Hinsicht durch Nettoentgeltoptionen – unter Berücksichtigung und Hinweis auf die neue Rechtsprechung – wollen wir in dieser Ausgabe erneut Rechnung tragen.

Bereits seit längerer Zeit begleiten uns in den Gehaltsextras einige potenzielle neue Mitarbeiter, die wir auch in diesem Jahr entsprechend kurz vorstellen möchten. Heute begrüßen wir also erneut – alterslos und ohne eine Veränderung in ihren familiären Rahmenbedingungen während der ganzen letzten Jahre:

Franziska Frohsinn, 25 Jahre alt, hat vor einem halben Jahr ihr Studium abgeschlossen und möchte nun zeigen, was sie kann. Sie verfügt über hervorragende Zeugnisse, ist unverheiratet und verfügt bis dato nur über Berufserfahrung aus Praktika und Ferienjobs.

Erich Ehrlich, 39 Jahre alt, verheiratet und in der Phase der Familienplanung. Das erste Kind mit fünf Jahren ist bereits da, das zweite bereits in der „Entstehung". Eine Eigentumswohnung ist vorhanden, aufgrund der weiteren Kinderplanung soll diese verkauft werden und der Hausbau zur Schaffung des neuen

1 Mitarbeiter belohnen

Domizils schreitet voran. Herr Ehrlich verfügt über keine guten Ausbildungsergebnisse, hat sich aber in seinen 16 Jahren Berufserfahrung ein extrem umfangreiches Wissen angeeignet und ist daher sehr versiert in seiner fachlichen Umgebung.

Klaus Klug, 52 Jahre alt, Vater von zwei Teenagern, wobei der ältere Sohn in Kürze das Abitur bestehen wird und dann ein Studium in einer anderen Stadt anstrebt. Aufgrund seiner 33 Jahre Berufserfahrung gilt er als Koryphäe in seinem Aufgabengebiet. Bei seinem jetzigen Arbeitgeber ist Herr Klug seit 15 Jahren beschäftigt.

Abgesehen davon, dass wir uns vergleichbare Kandidaten mit entsprechender fachlicher Tiefe in der Praxis erst einmal mit großem Aufwand suchen müssten, sind diese Beschreibungen doch sicherlich realitätsnah und altern wie erwähnt nicht, um vergleichbare Rahmenbedingungen zu den Vorjahren zu schaffen.

Gehaltsextras haben Anhänger und Gegner. Insbesondere in den letzten Jahren haben sich die kritischen Stimmen innerhalb von Unternehmen gemehrt: Arbeitnehmer erkennen, dass Nettoentgelte eben genau dies sind: eine höhere Nettozahlung. Es entsteht daraus keine Wirkung auf die Sozialversicherung und damit erhöht sich daraus auch nicht die Rentenzahlung, die man zu einem späteren Zeitpunkt erhalten wird. Das ist absolut korrekt und sollte in Überlegungen dieser Art immer Beachtung finden.

Ebenso finden diese Zahlungen keinen Eingang in die Arbeitslosenversicherung. Ein Umstand, der in Zeiten der Corona-Krise gleichzeitig Freude und Unverständnis auslöste. Unternehmen beantragten Kurzarbeitergeld und mussten die Nettoentgeltmaßnahmen weiterhin selbst bezahlen, da diese keinen Eingang in die Berechnung von Kurzarbeitergeld fanden und nicht von der Agentur für Arbeit erstattet wurden. Andere Betriebe begrüßten dies und freuten sich, dass sie den Mitarbeitern in Zeiten von Entgeltkürzungen wenigstens noch kleine Zugeständnisse machen konnten, die den Mitarbeiter auch netto erreichten.

Die Option der Nutzbarkeit hängt immer von der jeweiligen Situation im Unternehmen ab. Ein Mitarbeiter im Homeoffice wird andere Ansätze nutzen können als ein Mitarbeiter in Kurzarbeit oder ein Arbeitnehmer im Bereich der Pflege oder ein Lkw-Fahrer zwischen den verschiedenen Gebieten, der Lieferketten aufrechterhalten muss.

Um hier den Überblick zu behalten, haben wir erneut die Möglichkeiten der Entgeltgestaltung zusammengestellt und zeigen die steuerliche und sozialversicherungsrechtliche Komponente dazu auf.

2 Entgeltoptimierungsmaßnahmen

Es gibt sowohl steuerfreie und steuerbegünstigte, also in der Regel pauschal versteuerte Lohn- und Gehaltselemente, die gesetzlich zulässig sind. Während sich die Mitarbeiter über steuer- und sozialversicherungsfreie Mehrleistungen freuen können, senken Arbeitgeber für die Zukunft ihre Lohnnebenkosten deutlich, wenn sie derartige Gestaltungsinstrumente nutzen.

Weitere Nebeneffekte sind: Die Mitarbeiter werden motiviert und lassen sich an den Arbeitgeber oder das Unternehmen binden, was in Zeiten des Fachkräftemangels in Kombination mit dem demografischen Wandel immer wichtiger wird. Die Lohn- und Gehaltsoptimierung eignet sich somit ideal, um die Arbeitgeberattraktivität zu erhöhen. Arbeitnehmer erleben einen höheren Auszahlungsbetrag für sich, Arbeitgeber profitieren von den insgesamt betrachtet geringeren Personalkosten.

In den letzten Jahren entwickelten sich diese Bausteine und Ansätze in den Unternehmen teils überproportional, mit dem Ergebnis, dass die prüfenden Behörden wie Finanzämter und Sozialversicherungsträger diese Ansätze immer kritischer betrachteten.

Hier dürfen wir nach zahllosen erfolgreich begleiteten Lohnsteuer- und Sozialversicherungsprüfungen untermauern, dass diese Maßnahmen unter sorgfältiger Durchführung rechtssicher durchgeführt werden **können**. In den Fällen, in denen Schwierigkeiten auftraten, war im Vorfeld die Abstimmung mit den Finanzämtern und der Sozialversicherung ungenau oder gar nicht erfolgt, die arbeitsrechtlichen begleitenden Maßnahmen waren nicht ordnungsgemäß umgesetzt oder aber zu einem späteren Zeitpunkt oder wurden bereits bei der Einführung verändert, sodass diese nicht mehr den gesetzlich vorgegebenen Rahmenbedingungen entsprachen.

2 Entgeltoptimierungsmaßnahmen

Fakt ist definitiv, dass die Umsetzung dieser Maßnahmen immer mehr Detailwissen und Expertise erfordert, denn die vom Gesetzgeber eingeräumten Möglichkeiten müssen korrekt umgesetzt werden.

Doch was genau geschieht denn eigentlich bei der Entgeltoptimierung? Im Prinzip werden dem einzelnen Mitarbeiter in der Regel Sachbezüge als Ersatz für bestehende oder zukünftig zu zahlende Entgelte mit steuer- und sozialversicherungsrechtlichen Vorteilen für Arbeitgeber und Arbeitnehmer zugesagt. Der Arbeitnehmer erhält einen Mehrwert in Form von höheren Nettozahlungen. Das Unternehmen reduziert gleichzeitig seine Lohnnebenkosten. Somit können beide Parteien einen Vorteil aus den Entgeltoptimierungsmaßnahmen ziehen.

Um Mitarbeitern ein höheres Netto zukommen zu lassen, ist auch die Nettohochrechnung eine Option. Diese wäre aber dauerhaft ein sehr teures Medium, da sich diese ja auch in den Personalnebenkosten deutlich bemerkbar macht.

Ausgehend vom Beispiel Frau Frohsinn zeigen wir Ihnen nachfolgend die Unterschiede in den Kostenbelastungen und den Ergebnissen beim Mitarbeiter aktuell auf.

Frau Frohsinn, nicht verheiratet und damit mit Lohnsteuerklasse I aktiv, erhält bisher 2.500 Euro Bruttoeinkommen und soll eine Gehaltserhöhung um 100 Euro erhalten. Frau Frohsinn ist kirchensteuerpflichtig (Baden-Württemberg) und gesetzlich krankenversichert.

2 Entgeltoptimierungsmaßnahmen

Dies würde zu folgendem Ergebnis führen:

Bisheriges Bruttoeinkommen	Euro	2.500,00
Lohnsteuer	Euro	232,16
Kirchensteuer	Euro	18,57
Soli-Zuschlag	Euro	0,00
SV-Anteile		
■ Krankenversicherung	Euro	202,50
■ Rentenversicherung	Euro	232,50
■ Arbeitslosenversicherung	Euro	32,50
■ Pflegeversicherung	Euro	46,88
Nettoeinkommen	Euro	1.734,89

Für den Arbeitgeber sähe das ohne Berücksichtigung der Umlage und der Beiträge an die Berufsgenossenschaft wie folgt aus:

Bruttoeinkommen	Euro	2.500,00
■ Krankenversicherung	Euro	202,50
■ Rentenversicherung	Euro	232,50
■ Arbeitslosenversicherung	Euro	32,50
■ Pflegeversicherung	Euro	38,13
Gesamtsumme SV	Euro	505,63
Gesamtkosten	Euro	3.005,63

2 Entgeltoptimierungsmaßnahmen

Bei Erhöhung des Einkommens um die avisierten 100 Euro **brutto**:

Neues Bruttoeinkommen	Euro	2.600,00
Lohnsteuer	Euro	254,08
Kirchensteuer	Euro	20,32
Soli-Zuschlag	Euro	0,00
SV-Anteile		
■ Krankenversicherung	Euro	210,60
■ Rentenversicherung	Euro	241,80
■ Arbeitslosenversicherung	Euro	33,80
■ Pflegeversicherung	Euro	48,75
Nettoeinkommen	Euro	1.790,65

Für den Arbeitgeber sähe das ohne Berücksichtigung der Umlage und der Beiträge an die Berufsgenossenschaft wie folgt aus:

Bruttoeinkommen	Euro	2.600,00
■ Krankenversicherung	Euro	210,60
■ Rentenversicherung	Euro	241,80
■ Arbeitslosenversicherung	Euro	33,80
■ Pflegeversicherung	Euro	39,65
Gesamtsumme SV	Euro	525,85
Gesamtkosten	Euro	3.125,85

Frau Frohsinn erhält in dieser Berechnung von den zugesagten 100 Euro brutto 55,76 Euro netto. Die Kosten beim Arbeitgeber steigen dafür aber um 120,22 Euro an.

Erhöhen wir das Einkommen von 2.500 Euro brutto in der Form, dass Frau Frohsinn die avisierten 100 Euro netto und nicht brutto erhält, sich also ihr bisheriges Netto aus 2.500 Euro brutto

2 Entgeltoptimierungsmaßnahmen

von 1.734,89 Euro netto auf 1.834,89 Euro netto erhöht, setzen sich die Zahlen wie folgt zusammen:

Bruttoeinkommen	Euro	2.674,64
Lohnsteuer	Euro	268,00
Kirchensteuer	Euro	21,44
Soli-Zuschlag	Euro	0,00
SV-Anteile		
■ Krankenversicherung	Euro	216,65
■ Rentenversicherung	Euro	248,74
■ Arbeitslosenversicherung	Euro	34,77
■ Pflegeversicherung	Euro	50,15
Nettoeinkommen	Euro	1.834,89

Für den Arbeitgeber sähe das ohne Umlage 1 und 2, Insolvenzgeldumlage sowie ohne Berücksichtigung der Beiträge an die Berufsgenossenschaft wie folgt aus:

Neues Bruttoeinkommen	Euro	2.674,64
■ Krankenversicherung	Euro	216,65
■ Rentenversicherung	Euro	248,74
■ Arbeitslosenversicherung	Euro	34,77
■ Pflegeversicherung	Euro	40,79
Gesamtsumme SV	Euro	540,95
Gesamtkosten	Euro	3.215,59

Frau Frohsinn erhält in dieser Berechnung die zugesagten 100 Euro **netto**. Die Kosten beim Arbeitgeber steigen dafür aber um 209,96 Euro an.

2 Entgeltoptimierungsmaßnahmen

Die Nettoentgeltoptimierung befasst sich mit den Bausteinen, die aufgrund der gängigen Gesetzgebung, der Lohnsteuerrichtlinien und der BFH-Rechtsprechung eine Auszahlung netto zulassen oder aber sonstige Vergünstigungsoptionen möglich machen, wie z. B. die Zahlung pauschal versteuert und damit im Regelfall sozialversicherungsfrei.

In unserem Beispiel würden sich die Kosten bei einer Nettoerhöhung des Gehalts um 100 Euro auch nur um 100 Euro oder aber schlechtestenfalls bei Anwendung einer Pauschalierungsoption mit 25 % Pauschalsteuer um z. B. 127,75 Euro erhöhen (auf die Ermittlung der Pauschalsteuer gehen wir noch ein). Also ein erheblicher Unterschied zu den oben errechneten Mehrkosten.

Nachfolgend gehen wir auf die einzelnen Gestaltungsoptionen ein.

3 Voraussetzungen für steuerfreie oder pauschal versteuerte Entgeltbestandteile

In der gegenwärtigen Situation haben die Betrachtung und Prüfung der Personalkosten eine ganz neue Bedeutung erhalten. Viele Unternehmen stehen durch massiv gestiegene Energiepreise, anhaltende Rohstoffknappheit und Probleme in den Lieferketten unter finanziellem Druck. Welche Details man als Unternehmen seinen Mitarbeitern zukommen lassen kann, obliegt der Entscheidung des jeweiligen Unternehmens.

Der Gesetzgeber macht die Gewährung der Lohnsteuerfreiheit im Regelfall davon abhängig, dass der Arbeitgeber besonderen Aufzeichnungs- und Dokumentationspflichten nachkommt. Dies kann einen erheblichen Aufwand nach sich ziehen und darf daher nicht aus den Augen verloren werden. Daneben fußen lohnsteuerliche und sozialversicherungsrechtliche Spielräume meist auf einer festen arbeitsrechtlichen Basis.

Man hört in diesem Zusammenhang häufig die Begrifflichkeit:

3.1 Zusätzlichkeitserfordernis

Gemeint ist damit ganz einfach, dass bestimmte Zahlungen nur **zusätzlich** zum ohnehin geschuldeten Arbeitslohn zu gewähren sind, um eine Lohnsteuer- und Sozialversicherungsfreiheit zu erzielen. Die Bedingungen zur Erfüllung dieser Zusätzlichkeitserfordernis wurden allerdings von einzelnen Parteien unterschiedlich ausgelegt. Besonders die Einhaltung der Zusätzlichkeit durch eine Entgeltumwandlung war bereits seit einigen Jahren in der Diskussion.

3 Voraussetzungen für steuerfreie oder pauschal versteuerte Entgeltbestandteile

Durch die Urteile vom 01.08.2019 (VI R 32/18, VI R 21/17 (NV) und VI R 40/17 (NV)) wurde die Rechtsprechung durch den BFH zur sog. „Zusätzlichkeitsvoraussetzung" angepasst.

Laut BFH liegt dann ein zusätzlicher Arbeitslohn vor, wenn dieser verwendungs- bzw. zweckgebunden neben dem ohnehin geschuldeten Arbeitslohn geleistet wird. Setzen Arbeitgeber und Arbeitnehmer den ohnehin geschuldeten Arbeitslohn für künftige Lohnzahlungen arbeitsrechtlich wirksam herab, könnte aus Sicht des BFH der Arbeitgeber diese Minderung durch verwendungs- oder zweckgebundene Leistungen steuerbegünstigt ausgleichen. Damit wurde also das Instrument der Gehaltsumwandlung durch den BFH kurzzeitig gefördert.

Diese Auslegung, die im November 2019 veröffentlicht wurde, missfiel dem Bundesministerium für Finanzen und führte zu einer strikten Verschärfung der Begrifflichkeit „Zusätzlichkeitserfordernis": Auf die Urteile folgte ein Nichtanwendungserlass. So kündigte das BMF mit Schreiben vom 05.02.2020 (IV C 5 – S 2334/19/10017 :002) an, dass die Urteile des BFH über den entschiedenen Fall hinaus nicht anzuwenden sind.

Im Rahmen des Jahressteuergesetzes 2020 hat der Gesetzgeber dann eine neue Regelung in § 8 Abs. 4 EStG eingefügt, welche klarstellt, dass nur echte Zusatzleistungen des Arbeitgebers steuerbegünstigt sind. Ab diesem Zeitpunkt ist im Sinne des Einkommensteuergesetzes von einer „zusätzlich zum ohnehin geschuldeten Arbeitslohn" erbrachten Leistung durch den Arbeitgeber **nur** die Rede, wenn folgende Bedingungen erfüllt werden:

- Der Wert der Leistung, die der Arbeitgeber gewährt, wird nicht auf den Anspruch auf Arbeitslohn angerechnet.

- Der Anspruch auf Arbeitslohn wird nicht zugunsten der Leistung gemindert.

3 Voraussetzungen für steuerfreie oder pauschal versteuerte Entgeltbestandteile

- Es handelt sich um eine verwendungs- bzw. zweckgebundene Leistung, die keine Erhöhung des Arbeitslohns ersetzen soll.
- Im Falle eines Wegfalls der Leistung wird der Arbeitslohn nicht erhöht.

Insbesondere der letzte Punkt lässt Fragen aufkommen, wie dieser zu verstehen ist.

Am besten lässt sich dies an einem Beispiel verdeutlichen: Herr Ehrlich wird von uns neu eingestellt und erhält einen Kindergartenzuschuss von 300 Euro netto. Das Kind ist (wie bereits erwähnt) fünf Jahre alt und kommt im Jahr nach der Einstellung in die Schule. Der Kindergartenzuschuss entfällt also damit. Sollte dieser Mitarbeiter dann keine Gehaltshöhung erhalten, wird dieser das Unternehmen möglicherweise verlassen bzw. zumindest enorm unzufrieden sein, da ein Verlust von 300 Euro netto sehr stark wahrgenommen wird. Wenn aber nach Wegfall der Leistung der Arbeitslohn nicht erhöht werden darf, ohne die vorherige Zusätzlichkeit zu verlieren, dann wäre durch diesen Punkt nun im Prinzip die Gewährung von solchen Ansätzen in der Praxis unmöglich geworden.

Abzuheben ist hier aber nicht auf den Wegfall des Zuschusses, so die Lesart des BMF. Nicht dieser führt zur Erhöhung des Entgelts, sondern eine ganz klassische Gehaltsänderungsvereinbarung.

Wenn also nicht bereits bei der Entgeltvereinbarung im Vertrag festgehalten wurde, dass der Mitarbeiter bei Entfall des Kindergartenzuschusses eine Gehaltserhöhung um einen bestimmten Betrag erhält, ist dies im Sinne der Zusätzlichkeit erst einmal unbedenklich. Fraglich ist aber, ob ein Mitarbeiter das Vertrauen hätte, dass bei Entfall des Kindergartenzuschusses und damit der Nettoengeltmaßnahme der Arbeitgeber einen finanziel-

3 Voraussetzungen für steuerfreie oder pauschal versteuerte Entgeltbestandteile

len „Ausgleich" geben wird, der aber nicht als solcher betitelt werden und auch nicht im Vorfeld vertragliche Fixierung finden darf. Sicherlich bieten diese Formulierungen und Ansätze noch Diskussionsmöglichkeiten und Raum für richterliche Entscheidungen.

Das früher gültige BMF-Schreiben vom 22.05.2013 wurde aufgehoben. In diesem war geregelt, dass für die Zusätzlichkeit lediglich Voraussetzung ist, dass eine „zweckbestimmte Leistung" zu dem Arbeitslohn hinzukommt, den der Arbeitgeber aus anderen Gründen schuldet.

Viele Ansätze in der Einkommensteuer- und Lohnsteuer setzen die Zusätzlichkeit als Grundvoraussetzung an. So sieht z. B. § 3 Nr. 33 EStG vor, dass „zusätzlich zum ohnehin geschuldeten Arbeitslohn" erbrachte Leistungen des Arbeitgebers zur Unterbringung und Betreuung von nicht schulpflichtigen Kindern der Arbeitnehmer in Kindergärten oder vergleichbaren Einrichtungen steuerfrei sind. Ebenso sieht § 3 Nr. 15 EStG die Steuerfreiheit für die Überlassung von Fahrtickets vor, soweit diese „zusätzlich zum ohnehin geschuldeten Arbeitslohn" erbracht werden. Weitere Vorschriften sind beispielhaft folgende:

- Steuerfreie Überlassung von Fahrrädern an Mitarbeiter nach § 3 Nr. 37 EStG;

- Steuerfreie Überlassung von Gutscheinen im Rahmen der 50 Euro-Freigrenze nach § 8 Abs. 2 Satz 11 EStG;

- Steuerfreie Zuschüsse zur Verbesserung des allgemeinen Gesundheitszustands und der betrieblichen Gesundheitsförderung bis zur Höhe von 600 Euro im Kalenderjahr nach § 3 Nr. 34 EStG;

- Steuerfreie Übernahme von Betreuungsdienstleistungen und Beratungen nach § 3 Nr. 34a EStG;

- Pauschalversteuerter Fahrtkostenzuschuss für Pkw nach § 40 Abs. 2 Satz 2 Nr. 1b EStG;
- Pauschalversteuerter Internetzuschuss nach § 40 Abs. 2 Satz 1 Nr. 5 EStG;
- Pauschalversteuerte Übereignung von Datenverarbeitungsgeräten nach § 40 Abs. 2 Satz 1 Nr. 5 EStG;
- Pauschalversteuerte Übereignung von Fahrrädern nach § 40 Abs. 2 Satz 1 Nr. 7 EStG;
- Pauschalversteuerte Übereignung von Stromladestationen nach § 40 Abs. 2 Satz 1 Nr. 6 EStG;
- Steuerfreies Aufladen von Elektroautos oder Hybridelektrofahrzeugen im Betrieb des Arbeitgebers (§ 3 Nr. 46 EStG);
- Pauschal zu versteuernde unentgeltliche oder verbilligte Übereignung eines betrieblichen Fahrrads (§ 40 Abs. 2 Satz 1 Nr. 7 EStG);
- Pauschalierung der Lohnsteuer für Sachzuwendungen nach § 37b Abs. 2 EStG.

Umfangreiche Diskussionen ranken sich nach wie vor um das Thema, ob in der Vergangenheit als Umwandlung aufgesetzte Vereinbarungen heute nun einfach fortgeführt werden dürfen oder ob diese neu Umsetzung finden müssen, um ab dem 01.01.2020 der dann geforderten Zusätzlichkeitserfordnis zu entsprechen, zumal der Nichtanwendungserlass auf Altfälle aufgehoben wurde (BFH, Urteil vom 01.08.2019, VI R 32/18). Nicht wirklich hilfreich ist dabei zudem die Tatsache, dass hierzu gestellte Anrufungsauskünfte bei unterschiedlichen Finanzämtern zu komplett unterschiedlichen Einschätzungen führten und laufende Lohnsteuerprüfungen bereits die Diskussion eröffneten, dass frühere – aus einer Entgeltumwandlung entstandene – Maßnahmen nun auf Zusätzlichkeit angehoben werden müssen.

3 Voraussetzungen für steuerfreie oder pauschal versteuerte Entgeltbestandteile

Sollte dies der Fall sein – und Rückfragen beim BMF brachten bis dazu keine finale Antwort – wäre ein BMF-Schreiben dazu dringend wünschenswert, das mit Beispielen etc. für Klarheit sorgt.

Klar ist, dass das BMF die Zusätzlichkeit nicht von der arbeitsrechtlichen Gestaltung abhängig macht. Daher dürfte fragwürdig sein, ob es ausreicht, wenn man eine neue Vereinbarung trifft, dass alle Mitarbeiter eine Gehaltserhöhung erhalten und jeder Mitarbeiter als einen Bestandteil z. B. einen Sachbezug erhielte. Oder ist die Zusätzlichkeit hier nicht erfüllt, da ja in der Regel der bisherige Sachbezug dann wohl weiter fortgeführt werden wird und nicht erst einmal ein kompletter Stopp erfolgt, um dann neu starten zu können? Da der Gesetzgeber eher auf die Summen abhebt, d. h. prüft, ob sich der wirtschaftliche Ansatz verändert hat, dürfte eine solche Maßnahme wohl nicht ausreichen.

Ganz wichtig zu beachten ist aber, dass Wahlmöglichkeiten, wie sie Verträge in der Vergangenheit oft vorsahen, nicht mehr denkbar sind und direkt zu einem steuerpflichtigen Entgeltbestandteil führen würden, wenn diese z. B. für 50 Euro-Sachbezüge etc. Anwendung finden.

Besonders schwerwiegend ist (wie schon erwähnt) mittlerweile aber auch die Einschätzung durch die Sozialversicherung, die sich nicht mehr an die Steuer direkt anlehnt.

Das BSG-Urteil vom 23.02.2021, Az. B 12 R 21/18 R zeigt die deutlich abweichende Wahrnehmung der Sozialversicherung auf. Im dort verhandelten Fall vereinbarte ein Arbeitgeber mit der Belegschaft einen teilweisen Lohnverzicht und gewährte im Gegenzug anstelle des Arbeitslohns Gutscheine und zahlte Miete für Werbeflächen auf den Pkw der Belegschaft. Laut BSG handelt es sich dabei sozialversicherungsrechtlich um Arbeitsentgelt. Dieses umfasst grundsätzlich alle geldwerten Vorteile, die im Zusammenhang mit dem Arbeitsverhältnis stehen. Ein solcher Zusammenhang ist anzunehmen, wenn der ursprüngliche Bruttoarbeitslohn rechnungsmäßig fortgeführt wird und die Tankgutscheine und Werbeeinnahmen als „neue Gehaltsanteile" angesehen werden. Demzufolge kommt es nicht darauf an, dass die Werbeeinnahmen auf eigenständigen Mietverträgen mit der Belegschaft beruhten.

Die Beitragspflicht der Tankgutscheine entfiel auch nicht ausnahmsweise. Bei ihnen handelte es sich nach Ansicht des BSG nicht um einen Sachbezug, weil sie auf einen bestimmten Euro-Betrag lauteten und als Geldsurrogat teilweise an die Stelle des wegen Verzichts ausgefallenen Bruttoverdienstes getreten waren. Die zu diesem Zeitpunkt gültige steuerrechtliche Bagatellgrenze von 44 Euro im Monat kam daher aus Sicht der Richter nicht zur Anwendung

Damit dürfte auch sozialversicherungsseitig eine Entgeltumwandlung nicht mehr möglich sein. Generell ist die Sozialversicherung deutlich schwerer zu überprüfen, da es hier das Mittel einer Anhörung bei den Sozialversicherungsbehörden zwar faktisch gibt, dies aber in der Praxis so gut wie nie zur Anwendung kommt – abweichend zu der klassischen Anrufungsauskunft im deutschen Steuerrecht. Da es immer häufiger Sozialversicherungsprüfungen gibt, die nach fehlerfreier Lohnsteuerprüfung und damit Bestätigung der korrekten Handhabung eine sozialversicherungsrechtliche Nachverbeitragung vornehmen, sollte hier mit besonderer Vorsicht agiert werden.

3 Voraussetzungen für steuerfreie oder pauschal versteuerte Entgeltbestandteile

3.2 Tarifverträge und Gehaltsextras

Bei der Anwendung von Tarifverträgen ist die Sichtweise schon in den letzten Jahren deutlich kritischer geworden. In der Vergangenheit war bei Vorhandensein eines Tarifvertrages ein Ansatz von Nettoentgeltmaßnahmen in der Regel nur sehr begrenzt denkbar. Denkbare Optionen sind auch weiterhin, dass mindestens das Tarifgehalt gezahlt wird und die Nettoentgeltmaßnahmen als zusätzliche Leistung oben auf gewährt wird.

Tarifverträge galten in einem gewissen Umfang als gestaltbar, da sie im Regelfall übertarifliche Zahlungen zulassen bzw. § 4 TVG abweichende Abmachungen für zulässig erachtet, soweit sie durch den Tarifvertrag gestattet sind oder eine Änderung der Regelungen zugunsten des Arbeitnehmers enthalten. Die Nettoentgeltoptimierung hätte hier eine Verbesserung für den Arbeitnehmer erbracht, bei Anrechnung auf den Tarifvertrag aber die Mehrbelastung des Arbeitgebers stark im Rahmen gehalten.

Dieser Ansatz ist heute nicht mehr denkbar. Tarifgebundene Unternehmen, die die Nettoentgeltoptimierung für sich nutzen wollen, sollten in diesen Bestandteilen auf Haustarife umschwenken. Früher waren teils auch noch Regelungsabsprachen unter Einbeziehung der Gewerkschaft und des Betriebsrates auf den Weg zu bringen. Dies gelingt heute nur noch sehr selten.

Auch diese Ansätze wurden durch das BMF-Schreiben vom 05.02.2020 sowie die damit verbundenen Diskussionen und Veröffentlichungen eindeutig dargestellt, da die Begrifflichkeit des Tarifgehaltes und seine Handhabung ebenfalls explizit Eingang in das BMF-Schreiben gefunden haben und Rückfallklauseln schädlich für die Erfüllung der Zusätzlichkeitserfordernis sind.

Wie bereits früher auch sind Maßnahmen aus dem Nettoentgeltbereich hier nur noch umsetzbar, wenn diese zusätzlich zum ohnehin geschuldeten Arbeitslohn und damit auch zusätzlich zum Tarifgehalt vergütet werden. Dann können Konstrukte entstehen, die für die Mitarbeiter echte Mehrwerte darstellen können. So zahlen manche Unternehmen ihren Mitarbeitern Zahnreinigungen im Rahmen des betrieblichen Gesundheitsmanagements, andere gewähren Mankogelder, die tatsächlich grundlegend keine großen Einzelsummen darstellen, im Ganzen aber zu sehr schönen Ergebnissen für die Mitarbeiter führen.

3.3 Lohnsteuer- und Sozialversicherungsprüfungen

Arbeitgeber scheuten vor vielen Jahren oft vor den Gehaltsextras zurück, weil sie Unsicherheiten betreffend der Aufrechterhaltung der Lohnsteuer- und/oder Sozialversicherungsfreiheit oder aber Nachforderungen bzw. -verbeitragungen im Rahmen von Lohnsteuer-Außenprüfungen oder den Prüfungen der Deutschen Rentenversicherung befürchteten.

In den letzten Jahren hat sich hier eine nicht wirklich nachvollziehbare Sicherheit bei vielen Arbeitgebern eingeschlichen. Woher diese rührt, lässt sich schwer vermuten. Fakt ist aber, dass viele Arbeitgeber gar keine Anrufungsauskünfte (→*Kapitel 7*) oder sonstige Maßnahmen zur Sicherung der Steuerfreiheit bei der Einführung von Nettoentgeltmaßnahmen durchführten. Nach dem Motto „ein befreundetes Unternehmen macht das auch, dann übernehme ich das mit", wurde hier häufig doch sehr entspannt bei der Einführung von Nettoentgeltmaßnahmen agiert. Von einer solchen Herangehensweise können wir nach wie vor nur warnen. Insbesondere bei den Sozialversicherungsprüfungen ist das Risiko besonders groß, Nachverbeitragungen zu unterliegen.

Prinzipiell ist die Lohnsteuer eine Arbeitnehmersteuer und kann daher letztlich an den Arbeitnehmer abgewälzt werden.

3 Voraussetzungen für steuerfreie oder pauschal versteuerte Entgeltbestandteile

Eine solche Handhabung einer Nachversteuerung im Rahmen einer Lohnsteuerprüfung wäre sicherlich kontraproduktiv, da damit wohl nie wieder ein Mitarbeiter dieses Unternehmens einer solchen Alternative Vertrauen schenken würde. Man stelle sich vor: Ein Mitarbeiter unterzeichnet eine Nettoentgeltvereinbarung, die ihm 100 Euro netto monatlich mehr verspricht. Als Bruttovergütung wäre von einer Erhöhung von 100 Euro wohl ca. 50 Euro beim Arbeitnehmer verblieben, abhängig von der Lohnsteuerklasse und damit einhergehenden Rahmenbedingungen. Nach vier Jahren findet eine Lohnsteuer-Außenprüfung statt und im Anschluss erhält der Mitarbeiter ein Schreiben seines Finanzamtes mit einer Lohnsteuernachforderung und muss aus den netto gewährten 100 Euro doch noch Lohnsteuer nachzahlen. Die Begeisterung würde sich sicherlich in Grenzen halten.

Die Nachverbeitragungen der Deutschen Rentenversicherung Bund sind seitens der Mitarbeiter weniger gefürchtet, da Nachzahlungsbeiträge nur bis zu drei Monate rückwirkend vom Mitarbeiter einbehalten werden können. Auch die Arbeitgeber sehen diese Nachforderungen häufig entspannter, da man immer die vermeintliche Begrenzung durch die Beitragsbemessungsgrenze im Kopf behält.

Führt man dazu einmal eine Berechnung durch, sollten die Risiken klarer werden. Dies erläutern wir gerne nachfolgend an einem Beispiel: Ein Unternehmen führt für 20 Mitarbeiter einen Tankgutschein von 49 Euro je Monat je Person ein.

Wie wir später noch bei der Erläuterung der einzelnen Maßnahmen darstellen, müssen hier bestimmte Anforderungen erfüllt sein, d. h. Arbeitnehmer müssen einen echten Gutschein erhalten. Erhalten diese stattdessen gegen Vorlage eines Tankbeleges von 49 Euro das Geld erstattet, wären die Voraussetzungen der 50-Euro-Sachbezugsregelung nicht mehr erfüllt, die

Zahlungen würden lohnsteuer- und sozialversicherungspflichtig. Zur Vereinfachung der Berechnung führen wir hier keine Nettoversteuerung durch, wie es der Lohnsteuerprüfer täte. Wir verbeitragen nur auf Basis der gewährten 49 Euro.

Diese wurden für 3 Jahre für 20 Mitarbeiter gezahlt: 3 Jahre x 12 Monate x 20 Mitarbeiter x 49 Euro = 35.280 Euro. Ausgehend von derzeit 40,45 % Sozialversicherungsanteile (18,6 % Rentenversicherung, 14,6 % Krankenversicherung, 1,6 % Krankenkassenzusatzbeitrag, 2,6 % Arbeitslosenversicherung, 3,05 % Pflegeversicherung) wären wir damit bei einer Summe von 14.270,76 Euro nachzuzahlender Sozialversicherungsanteile.

Hinzu kommt, dass diese Nachzahlungen oftmals noch durch die hohen Säumniszuschläge der Rentenversicherung geahndet werden. Bei einem Säumniszuschlag von 1 % pro Monat ergeben sich extrem hohe Prozentsätze, die eine hohe Nachbelastung mit sich bringen. Ob hier ein gewisser Vorsatz denkbar wäre, lassen wir dahingestellt. Ohne diese blieben wenigstens die Säumniszuschläge außer Acht. Aber sicher wird klar, dass hier ein besonderes Augenmerk auf die Themen gerichtet werden soll.

Dies gilt insbesondere in Zeiten, in denen Kurzarbeitergelder gezahlt und nebenbei die Nettoentgeltoptionen teils fortgesetzt werden sollen. Bestand der Anspruch auf die Nettoentgeltbestandteile bereits in der Vergangenheit, sind hier sicher keine Schwierigkeiten zu befürchten. Wurde diese Zusage bereits in der Vergangenheit erteilt, so gilt sie nach derzeitiger Rücksprache mit einigen Agenturen für Arbeit wie eine Entgelterhöhung, die ja auch im Rahmen eines Kurzarbeitergeldes möglich wäre, wenn in der Vergangenheit bereits vereinbart.

Sicherlich Zweifel an der finanziellen Engpasssituation eines Unternehmens und damit Zweifel am ganzen Kurzarbeiterantrag käme bei der Gewährung von Nettoentgeltmaßnahmen auf, die beginnend parallel zur Kurzarbeit gewährt werden. Hier würden wir deutlich anraten, einen Zuschuss zum Kurzarbeitergeld zu bezahlen.

4 Sozialversicherungspflicht bei steuerfreien oder pauschal versteuerten Zahlungen

Die Sozialversicherung folgte in der Vergangenheit in der Regel dem Grundsatz, dass steuerfreie Zahlungen auch sozialversicherungsfrei bleiben, da viele lohnsteuerfreie bzw. pauschalierbare Bezüge kein sozialversicherungsrechtliches Arbeitsentgelt darstellten. Seit einer Gesetzesänderung im Rahmen der Überarbeitung der Sozialversicherungsentgeltverordnung reicht allein die Möglichkeit der Pauschalversteuerung für die Beitragsbefreiung aber nicht mehr aus. Vielmehr hängt die Sozialversicherungsfreiheit davon ab, dass die Pauschalierung „mit der Entgeltabrechnung für den jeweiligen Abrechnungsmonat" tatsächlich durchgeführt bzw. die Lohnsteuerfreiheit im Lohnkonto dokumentiert wird:

Seit dem 22.04.2015 ist nach § 1 Abs. 1 Satz 2 SvEV ein Arbeitsentgelt grundsätzlich nur dann nicht beitragspflichtig in der Sozialversicherung, wenn es mit der Entgeltabrechnung für den jeweiligen Abrechnungszeitraum pauschal besteuert oder steuerfrei belassen wird (Art. 13 Nr. 2 und 3 des 5. SGB-IV Änderungsgesetzes). Stellt der Nachweis der Lohnsteuerfreiheit in der Praxis schon eine gewisse Herausforderung dar, da z. B. selten die Belege für die gewährten Sachbezüge unter 50 Euro beim Lohnkonto abgelegt wurden, so macht diese Änderung der Sozialversicherungsentgeltverordnung die Vorlage der Belege zur Voraussetzung des Beibehalts der Sozialversicherungsfreiheit. Sie geht eigentlich sogar darüber hinaus: Folgt man dem Wortlaut der Sozialversicherungsentgeltverordnung, so sollten die lohnsteuerfreien Sachverhalte sogar explizit auf der Lohnabrechnung als lohnsteuerfrei angedruckt werden. Dies sehen die Sozialversicherungsprüfer in der Praxis aber nach wie vor noch entspannt.

4 Sozialversicherungspflicht bei steuerfreien oder pauschal versteuerten Zahlungen

Generell ist eine Aufnahme aller steuerfreien Ansätze in die Lohnabrechnung zu empfehlen, da über diesen Weg eine komplette Übersicht der Personalkosten aus dem Lohnprogramm abzuleiten ist. Pauschal zu versteuernde Fälle müssen definitiv Eingang in die Lohnabrechnung finden. Das stellt die Praxis der Lohnabrechnung vor die Frage, wie mit Fällen umzugehen ist, in denen eine mögliche Lohnsteuerpauschalierung nicht sofort in dem Monat, in dem der pauschalierbare Bezug anfällt, in Anspruch genommen wird. Klassisch hierfür sind Fälle wie Betriebsveranstaltungen, bei denen oft erst zu einem späteren Zeitpunkt – in der Regel frühestens am Jahresende – entschieden wird, welche Veranstaltungen denn pauschal versteuert Abrechnung finden sollen und welche steuerfrei verbleiben können.

Bis dato konnten Entgelte, die bereits steuerpflichtig gehandhabt wurden, zu einem späteren Zeitpunkt steuerfrei umgestellt werden, wenn die steuerlichen Voraussetzungen dazu erfüllt waren. Grundsatz der Sozialversicherung ist aber, einmal verbeitragtes Entgelt nicht mehr beitragsfrei zu stellen.

Sozialversicherungsfreiheit verbleibt also nur für Entgelte, die laufend gezahlt und in der jeweiligen Abrechnung bereits korrekt steuerfrei oder pauschal versteuert ausgezahlt wurden. Ausgenommen davon sind nur unter bestimmten Gesichtspunkten die Betriebsveranstaltungen, was sich am besten anhand eines Beispiels aufzeigen lässt.

Beispiel: Ein Unternehmen veranstaltete im Dezember 2022 eine Weihnachtsfeier, an der alle Beschäftigten teilnehmen konnten. Zum Zeitpunkt der Lohnabrechnung Dezember 2022 standen die Kosten pro Arbeitnehmer noch nicht final fest. Daher ging der Arbeitgeber zunächst davon aus, dass es sich um eine lohnsteuer- und beitragsfreie Zuwendung handelt. Anfang Februar 2023 findet die Buchhaltung weitere Rechnungen für Dezember 2022 die Weihnachtsfeier betreffend. Damit erhöhen sich die Kosten pro Arbeitnehmer auf 150,00 Euro.

Unter lohnsteuerlichen Gesichtspunkten betrachtet, blieben von den 150 Euro 110 Euro pro Arbeitnehmer lohnsteuer- und beitragsfrei (§ 19 Abs. 1 Nr. 1a EStG, § 1 Abs. 1 Satz 1 Nr. 1 SvEV). Der übersteigende Betrag von 40 Euro könnte nach § 40 Abs. 2 Satz 1 Nr. 2 EStG pauschal lohnversteuert werden. Das würde prinzipiell zur Sozialversicherungsfreiheit führen (§ 1 Abs. 1 Nr. 3 SvEV).

Änderungsmöglichkeit bis zum 28./29. Februar des Folgejahrs

Eine erst im Nachhinein geltend gemachte Steuerfreiheit bzw. Pauschalversteuerung wirkt sich auf die beitragsrechtliche Behandlung der Arbeitsentgeltbestandteile nach § 1 Abs. 1 Satz 2 SvEV nur aus, wenn der Arbeitgeber die bisherige lohnsteuerliche Behandlung noch ändern kann.

Damit ist eine sozialversicherungswirksame Änderung nur bis zum 28./29. Februar des Folgejahres möglich. Bis zu diesem Termin müssen final die (elektronischen) Lohnsteuerbescheinigungen für das Vorjahr ausgestellt sein (§ 41b EStG). Dieses Zeitfenster wurde auch durch das Besprechungsergebnis der Deutschen Rentenversicherung bestätigt. Die Änderung für das Vorjahr muss laut diesem bis 28./29.02. vom Arbeitgeber vorgenommen sein (Besprechungsergebnis Gemeinsamer Beitragseinzug vom 20.04.2016, TOP 5 Nr. 4). Der Arbeitgeber muss nachweisen können, dass er dies rechtzeitig getan hat. Der Zeitpunkt der technischen Übermittlung danach ist laut Festlegung der Behörde, also der DRV, nicht von Bedeutung.

Fortsetzung des Beispiels:

Bezogen auf unsere Weihnachtsfeier hieße dies: Hat der Arbeitgeber die Lohnsteuerpauschalierung bis zum 28.02.2023 über die Änderung der Lohnsteueranmeldungen geltend gemacht und die 40 Euro pauschal lohnversteuert, fallen keine Sozialversicherungsbeiträge an. Hat der Arbeitgeber erst nach dem 28.02.2023 oder gar nicht berichtigt, fallen für die jeweils 40 Euro pro Mitarbeiter Sozialversicherungsbeiträge an.

Dies bedeutet aber auch, dass Änderungen im Rahmen einer Lohnsteuer-Außenprüfung in der Regel immer Beitragspflicht nach sich ziehen. Die nachträgliche Option der Pauschalversteuerung führt nicht zur Beitragsfreiheit. Selbst dann nicht, wenn dies noch im eigentlich änderbaren Zeitraum bis 28./29. Februar des Folgejahres festgestellt wird, da dies ja dann nicht aktiv durch den Arbeitgeber erfolgt, sondern auf Veranlassung der prüfenden Behörde.

Beispiel: Bei der Lohnsteuerprüfung wird eine weitere Betriebsveranstaltung entdeckt. Es handelt sich um das Sommerfest im Jahr 2022. Die Kosten wurden steuer- und beitragsfrei behandelt. Im Rahmen der Lohnsteuer-Außenprüfung am 11.02.2023 stellt der Prüfer fest, dass sich auch für dieses Fest die Kosten pro Arbeitnehmer auf 150 Euro beliefen.

Da bis dato erst eine Betriebsveranstaltung in 2022 pauschaliert wurde und zwei erlaubt sind, gilt lohnsteuerlich: Von den 150 Euro sind 40 Euro pro Arbeitnehmer nicht steuerfrei (§ 19 Abs. 1 Nr. 1a EStG), die steuerliche Freigrenze liegt ja bei 110 Euro. Diese 40 Euro werden vom Prüfer des Finanzamts nun pauschal versteuert. Diese Pauschalversteuerung führt nicht zur Beitragsfreiheit in der Sozialversicherung, weil hier die Finanzverwaltung die Erhebung änderte, auch wenn die Prüfung vor dem 28.02.2023 stattfand.

5 Ermittlung der Pauschalsteuer im Rahmen der Lohnabrechnung

5.1 Pauschalierung der Lohnsteuer

Bei der Ermittlung der Lohnsteuer, des Solidaritätszuschlags und der Kirchensteuer wird im Regelfall nach den persönlichen Besteuerungsmerkmalen (Steuerklasse, Faktor, Zahl der Kinderfreibeträge, Kirchensteuermerkmale) vorgegangen und die daraus resultierenden steuerlichen Bestandteile individuell ermittelt. Unter bestimmten Voraussetzungen kann die Lohnsteuer jedoch pauschal erhoben werden. Mit einer Pauschalierung der Lohnsteuer ist in der Regel auch eine pauschale Erhebung des Solidaritätszuschlags und der Kirchensteuer verbunden.

Dabei unterscheidet man grundsätzlich verschiedene Varianten der Lohnsteuerpauschalierung

- Pauschalierung der Lohnsteuer von Teilen des Arbeitslohns mit festen Pauschsteuersätzen

- Pauschalierung der Lohnsteuer für bestimmte Sachzuwendungen (§ 37b EStG) mit einem Pauschsteuersatz von 30 %

- Pauschalierung der Lohnsteuer für den gesamten Arbeitslohn mit festen Pauschsteuersätzen

- Pauschalierung mit einem besonders ermittelten Pauschsteuersatz für sonstige Bezüge bis 1.000 Euro

- Pauschalierung der Lohnsteuer durch das Finanzamt (Nachholung/Nacherhebung von Lohnsteuer) bei einer Lohnsteuer-Außenprüfung

5 Ermittlung der Pauschalsteuer im Rahmen der Lohnabrechnung

Schemata zur Lohnsteuerpauschalierung

Nutzung von festen Pauschsteuersätzen

Bei der Pauschalierung der Lohnsteuer von Teilen des Arbeitslohns mit festen Pauschsteuersätzen erfolgt die Ermittlung ausgehend von dem gesetzlich festgelegten Pauschalsteuersatz der Lohnsteuer. Diese Pauschalierungen lösen Beitragsfreiheit in der Sozialversicherung aus.

Beispiel: Bei Zahlung von 100 Euro an einen Mitarbeiter, der in Baden-Württemberg lebt und arbeitet, setzt sich die Pauschalsteuer wie folgt zusammen:

100 Euro x 25 % = 25 Euro Lohnsteuer.

Die Ermittlung des pauschalen Solidaritätszuschlags sowie der pauschalen Kirchensteuer erfolgt dann in Abhängigkeit von der berechneten Lohnsteuer:

Lohnsteuer 25 Euro, davon

5,5 % Solidaritätszuschlag = 1,38 Euro

5 % Kirchensteuer = 1,25 Euro

8 % Kirchensteuer = 2,00 Euro

Woher rührt die Unterscheidung in den Kirchensteuersätzen?

5.2 Pauschalierung der Kirchensteuer

Die Pauschalierung der Kirchensteuer kann nach zwei Verfahren erfolgen:

Vereinfachtes Verfahren der Kirchensteuerermittlung

Beim vereinfachten Verfahren finden in den einzelnen Bundesländern niedrigere Prozentsätze Anwendung als beim normalen

Kirchensteuerabzug. Diese niedrigeren Prozentsätze berücksichtigen, dass mit hoher Wahrscheinlichkeit nicht alle Arbeitnehmer, für die die Lohnsteuer pauschaliert wird, kirchensteuerpflichtig sind. Da die pauschale Kirchensteuer aus der Gesamtsumme der Lohnsteuer berechnet wird, könnte eventuell eine zu hohe Kirchensteuer abgeführt werden.

Die pauschale Kirchensteuer wird im vereinfachten Verfahren in eine besondere Zeile (Anmeldung 2023: Zeile 25, Kennzahl 47) bei der Lohnsteuer-Anmeldung eingetragen, sodass das Finanzamt anhand dieser Eintragung die Aufteilung der pauschalen Kirchensteuer vornimmt.

Reguläres Verfahren der Kirchensteuerermittlung (Nachweisverfahren)

Alternativ können Arbeitgeber bei der Kirchensteuerpauschalierung auf den jeweiligen Mitarbeiter abstellen und dabei unterscheiden, welcher Mitarbeiter kirchensteuerpflichtig ist und welcher nicht. Da in diesem Fall nicht für jeden Mitarbeiter, sondern nur für die tatsächlich der Kirche zugehörenden Mitarbeiter Pauschalsteuer gezahlt wird, werden hier die regulären Kirchensteuersätze angewandt.

Sie finden nachfolgend eine Übersicht, welche Sätze wann in welchem Bundesland Anwendung finden:

Bundesland	Genereller Kirchensteuersatz	Kirchensteuersatz nach dem vereinfachten Verfahren
Baden-Württemberg	8 %	5 %
Bayern	8 %	7 %
Berlin	9 %	5 %
Brandenburg	9 %	5 %
Bremen	9 %	7 %

5 Ermittlung der Pauschalsteuer im Rahmen der Lohnabrechnung

Bundesland	Genereller Kirchensteuersatz	Kirchensteuersatz nach dem vereinfachten Verfahren
Hamburg	9 %	4 %
Hessen	9 %	7 %
Mecklenburg-Vorpommern	9 %	5 %
Niedersachsen	9 %	6 %
Nordrhein-Westfalen	9 %	7 %
Rheinland-Pfalz	9 %	7 %
Saarland	9 %	7 %
Sachsen	9 %	5 %
Sachsen-Anhalt	9 %	5 %
Schleswig-Holstein	9 %	6 %
Thüringen	9 %	5 %

Praxistipp

Bei der Differenzierung der kirchensteuerpflichtigen zu den nicht kirchensteuerpflichtigen Arbeitnehmern stellt sich häufig die Frage, wie die pauschale Lohnsteuer aufgeteilt werden soll, wenn die auf den einzelnen Arbeitnehmer entfallende Lohnsteuer nicht ermittelt werden kann (z. B. bei einer Pauschalierung der Lohnsteuer für sonstige Bezüge in einer Vielzahl von Fällen). Auch dies ist eindeutig geregelt: aus Vereinfachungsgründen kann dann die gesamte pauschale Lohnsteuer im Verhältnis der kirchensteuerpflichtigen zu den nicht kirchensteuerpflichtigen Arbeitnehmern aufgeteilt werden.

5 Ermittlung der Pauschalsteuer im Rahmen der Lohnabrechnung

Die Konfessions- bzw. Religionszugehörigkeit ist anhand des in den Lohnkonten aufgezeichneten Kirchensteuerabzugmerkmals zu ermitteln. Die im Nachweisverfahren ermittelten Kirchensteuern sind in der Lohnsteuer-Anmeldung unter der jeweiligen Kirchensteuer-Kennzahl (z. B. ev = 61, rk = 62; Zeile 26 bzw. 27 der Lohnsteuer-Anmeldung) einzutragen.

Ob ein Teil der Arbeitnehmer bei der Pauschalierung der Kirchensteuer keine Berücksichtigung findet, weil er keiner kirchensteuerberechtigten Konfession angehört, ist für jeden Pauschalierungstatbestand getrennt zu beurteilen.

Ausgenommen ist lediglich die Pauschalierung der Minijobber, weil mit dem Pauschsteuersatz von 2 % die Kirchensteuer und der Solidaritätszuschlag abgegolten sind.

Nimmt der Arbeitgeber z. B. bei den Pkw-Fahrtkostenzuschüssen für den Weg zur ersten Tätigkeitsstätte die nicht kirchensteuerpflichtigen Arbeitnehmer aus der Pauschalbesteuerung heraus, führt dies nicht dazu, dass er auch bei den Beiträgen zu einer noch pauschal besteuerten Direktversicherung den Regelkirchensteuersatz von 8 % oder 9 % anwenden muss. Der Arbeitgeber kann individuell für die Direktversicherungsbeiträge entscheiden, ob er die betroffenen Arbeitnehmer mit dem ermäßigten Kirchensteuersatz besteuern will oder ob er die nicht kirchensteuerpflichtigen Arbeitnehmer herausnimmt und den Rest mit dem Regelkirchensteuersatz von 8 % oder 9 % besteuert.

Für jeden einzelnen der nachfolgend aufgeführten Pauschalierungssachverhalte kann der Arbeitgeber also eine individuelle Entscheidung treffen:

- bei einer Pauschalierung der Lohnsteuer für Aushilfskräfte und Teilzeitbeschäftigte mit 25 %, 20 % oder 5 %,
- bei einer Pauschalierung der Lohnsteuer mit 15 % für Pkw-Fahrtkostenzuschüsse des Arbeitgebers zu den Aufwen-

dungen des Arbeitnehmers für Fahrten zwischen Wohnung und erster Tätigkeitsstätte und für die Firmenwagenstellung zu Fahrten zwischen Wohnung und erster Tätigkeitsstätte,

- bei einer Pauschalierung der Lohnsteuer mit 25 % für Arbeitgeberleistungen zu den Aufwendungen des Arbeitnehmers für Fahrtkosten ohne Anrechnung auf die Entfernungspauschale,

- bei einer Pauschalierung der Lohnsteuer mit 25 % für unentgeltliche oder verbilligte Mahlzeiten im Betrieb oder im Rahmen einer beruflich veranlassten Auswärtstätigkeit,

- bei einer Pauschalierung der Lohnsteuer mit 25 % für Erholungsbeihilfen,

- bei einer Pauschalierung der Lohnsteuer mit 25 % für steuerpflichtige Zuwendungen bei Betriebsveranstaltungen,

- bei einer Pauschalierung der Lohnsteuer mit 25 % für steuerpflichtige Teile von Reisekosten,

- bei einer Pauschalierung der Lohnsteuer mit 25 % bei Übereignung von Datenverarbeitungsgeräten (z. B. ein Notebook) und Arbeitgeberzuschüssen zur Internetnutzung,

- bei einer Pauschalierung der Lohnsteuer mit 25 % bei einer Übereignung von Ladevorrichtungen für das elektrische Aufladen von Arbeitnehmer-Fahrzeugen sowie Barzuschüssen des Arbeitgebers zu den Aufwendungen des Arbeitnehmers für den Erwerb und die Nutzung einer solchen Ladevorrichtung,

- bei einer Pauschalierung der Lohnsteuer mit 25 % bei Übereignung von Fahrrädern,

- bei einer Pauschalierung der Lohnsteuer mit 20 % für Beiträge zu einer Direktversicherung oder Pensionskasse,

- bei einer Pauschalierung der Lohnsteuer mit 20 % für Beiträge zu einer Gruppenunfallversicherung,
- bei einer Pauschalierung der Lohnsteuer für sonstige Bezüge in einer größeren Zahl von Fällen,
- bei der Nacherhebung von Lohnsteuer insbesondere im Anschluss an eine Lohnsteuer-Außenprüfung.

Solidaritätszuschlag

Trotz Entfall des Solidaritätszuschlags bzw. Reduzierung desselben seit 2021: für zu pauschalierende Sachverhalte bleibt alles beim „alten" und damit der Ansatz von 5,5 % pauschaler Solidaritätszuschlag auch weiterhin zu berücksichtigen.

Pauschalierung der Lohnsteuer für bestimmte Sachzuwendungen (§ 37b EStG) mit einem Pauschsteuersatz von 30 %

Betrieblich veranlasste Sachzuwendungen an Arbeitnehmer oder an Personen, die nicht in einem Dienstverhältnis stehen, führen zu einem steuerpflichtigen geldwerten Vorteil beim jeweiligen Empfänger. Der Wert des geldwerten Vorteils ist häufig schwer zu ermitteln.

Seit 01.01.2007 existiert für bestimmte Sachzuwendungen eine separate Pauschalierungsmöglichkeit. Diese ist in § 37b EStG geregelt.

Das Pauschalierungswahlrecht ermöglicht es dem Zuwendenden, die Einkommensteuer pauschal zu erheben und damit den geldwerten Vorteil beim Empfänger abzugelten. Die Pauschalierungsvorschrift bezieht sich nicht nur auf Arbeitnehmer des Zuwendenden, sondern auch auf Nichtarbeitnehmer wie z. B. Kunden, Geschäftsfreunde und deren Arbeitnehmer. Der Pauschsteuersatz beträgt immer 30 %.

5 Ermittlung der Pauschalsteuer im Rahmen der Lohnabrechnung

Der Empfänger des Geschenkes muss informiert werden, dass die Pauschalsteuer für ihn übernommen wurde, z. B. durch einen Andruck auf der Grußkarte dazu oder dergleichen.

Die Pauschalierungsvorschrift gilt für Geschenke (im Sinne des § 4 Abs. 5 Nr. 1 EStG) bzw. zusätzlich zur ohnehin vereinbarten Vergütung gewährte Zuwendungen. Eine Umwandlung von Arbeitsentgelt in pauschal versteuerte Sachzuwendungen ist nicht möglich. Geldzuwendungen können nicht über § 37b EStG pauschal versteuert werden.

Bei Sachzuwendungen an Arbeitnehmer ist die Pauschalierung mit 30 % ausgeschlossen für Sondertatbestände, für die bereits andere gesetzliche Bewertungsmöglichkeiten bestehen.

Sondertatbestände, die die Pauschalierung mit 30 % ausschließen, sind z. B.:

- private Nutzung eines Firmenwagens (§ 8 Abs. 2 EStG),
- Nutzung von Sachbezügen, für die amtliche Sachbezugswerte oder Durchschnittswerte festgesetzt worden sind,
- Nutzung von Sachbezügen, für die die Rabattregelung nach § 8 Abs. 3 EStG angewendet wird,
- Überlassung von Vermögensbeteiligungen an Arbeitnehmer,
- Überlassung von Sachprämien im Rahmen von Kundenbindungsprogrammen (§ 37a EStG),
- die Anwendung der Pauschalierung in besonderen Fällen mit 15 % oder 25 % (§ 40 Abs. 2 EStG).

Das Pauschalierungswahlrecht kann für alle Zuwendungen im Wirtschaftsjahr nur einheitlich durch die Anmeldung der Pauschalsteuer ausgeübt werden. Es kann im Regelfall nicht widerrufen werden.

5 Ermittlung der Pauschalsteuer im Rahmen der Lohnabrechnung

Die Bemessungsgrundlage für den geldwerten Vorteil sind die tatsächlichen Kosten des Zuwendenden einschließlich Umsatzsteuer. Um bei besonders hohen Sachzuwendungen eine Besteuerung mit dem individuellen Steuersatz des Empfängers der Zuwendung zu gewährleisten, enthält § 37b EStG folgende Grenzen:

Die Pauschalierung ist ausgeschlossen,

1. soweit die Aufwendungen je Empfänger und Wirtschaftsjahr oder
2. wenn die Aufwendungen für die einzelne Zuwendung

den Betrag von 10.000 Euro übersteigen.

Die Pauschalierung nach § 37b EStG löst bei Zuwendung an eigene Arbeitnehmer keine Beitragsfreiheit in der Sozialversicherung aus. Seit 01.01.2009 werden Sachzuwendungen an Arbeitnehmer anderer Unternehmen in der Sozialversicherung nicht mehr verbeitragt.

Pauschalierung der Lohnsteuer für den gesamten Arbeitslohn mit festen Pauschsteuersätzen

Für Teilzeitkräfte auf 520-Euro-Basis, wenn der Arbeitgeber einen pauschalen Beitrag zur Rentenversicherung von 15 % oder 5 % (bei Beschäftigung in einem Privathaushalt) entrichtet, kann die Lohnsteuer mit 2 % pauschaliert werden (§ 40a Abs. 2 EStG).

Bei geringfügig Beschäftigten, für die die Voraussetzungen einer Pauschalierung der Lohnsteuer mit 2 % nicht vorliegen, kann die Lohnsteuer mit 20 % pauschaliert werden. Hierbei handelt es sich in der Regel zwar auch um 520-Euro-Jobs, jedoch sind diese z. B. wegen Zusammenrechnung mit einer Hauptbeschäftigung lohnsteuerpflichtig. Die Pauschalsteuer ist (anders als die einheitliche Pauschsteuer von 2 %) nicht an die

Minijob-Zentrale, sondern stets an das Betriebsstättenfinanzamt abzuführen (§ 40a Abs. 2a EStG).

Für kurzfristig Beschäftigte Aushilfskräfte kann die Lohnsteuer ebenfalls pauschaliert werden (§ 40a Abs. 1 EStG). Hier gilt allerdings ein Pauschalsteuersatz von 25 %, sofern es sich um kurzfristig Beschäftigte im Sinne der Lohnsteuer handelt. Dies ist der Fall, wenn

- der Arbeitnehmer nur gelegentlich und nicht regelmäßig wiederkehrend beschäftigt wird,
- die Beschäftigung maximal 18 zusammenhängende Arbeitstage andauert,
- der Arbeitslohn maximal 150 Euro durchschnittlich je Arbeitstag (bis 31.12.2022 120 Euro) beträgt und
- der auf einen Stundenlohn umgerechnete Arbeitslohn durchschnittlich 19 Euro (bis 31.12.2022 15 Euro) nicht übersteigt.

> **Hinweis**
>
> Die Definition der kurzfristigen Beschäftigung unterscheidet sich hier von der in der Sozialversicherung geltenden Regelung.

Wichtig zu beachten: zur Kontrolle der korrekten Abführung der Lohnsteuer von Minijobbern muss seit dem Jahreswechsel 2021/2022 auch bei den früheren 450-/heutigen 520-Euro-Kräften die Steuer-ID mit im Personalstamm geführt und bei der Abrechnung übermittelt werden. Auslöser dazu war, dass das Bundeszentralamt für Steuern die Zuständigkeit für den Lohnsteuereinbehalt für die Minijobber mit Abrechnung nach individuellen Lohnsteuerdaten hat und die Minijob-Zentrale den Einbehalt der 2 % Pauschalsteuer überwacht. Da es keinen Austausch zwischen den Behörden gab, kam es hier teils zu Lohnabrechnungen ohne steuerliche Berücksichtigung bei den früheren 450-Euro-Kräften. Die Übermittlung der Steuer-ID lässt nun eine Prüfung zu, ob mindestens eine der Behörden einen steuerlichen Einbehalt vorgenommen hat.

> **Wichtig!**
>
> Die Steuer-ID wird seit dem 01.01.2022 auch über das elektronische Meldeverfahren an die Minijob-Zentrale übermittelt. Dies gilt unabhängig davon, ob der Arbeitgeber die Steuer pauschal an die Minijob-Zentrale zahlt oder die individuelle Besteuerung nach der Lohnsteuerklasse über das Finanzamt vornimmt. Zudem ist in der Datenübermittlung die Art der Versteuerung anzugeben.

Die sozialversicherungsrechtliche Behandlung richtet sich nach besonderen Vorschriften.

5.3 Pauschalierbare Leistungen

Im Rahmen der Pauschalversteuerung wird unterschieden nach

- Bemessung der Lohnsteuer nach besonderen Pauschsteuersätzen (§ 40 Abs. 1 EStG i. V. m. R 126 LStR) und der
- Bemessung der Lohnsteuer nach festen Pauschsteuersätzen (§ 40 Abs. 2 EStG i. V. m. R 127 LStR und § 37b EStG).

Besondere Pauschalsteuersätze finden sich im Regelfall in zwei Anwendungsbereichen: Entweder werden diese im Falle einer

Lohnsteuerprüfung durch den Prüfer ermittelt und durch diesen vorgegeben oder aber sie werden für Sonstige Bezüge in einer größeren Anzahl von Fällen beim zuständigen Betriebsstättenfinanzamt durch den Arbeitgeber beantragt.

Dabei umfasst eine größere Anzahl von Fällen regelmäßig mindestens 20 Arbeitnehmer und die Pauschalierungsgrenze liegt bei maximal 1.000 Euro pro Kalenderjahr/pro Arbeitnehmer. Der Arbeitgeber hat seinem Antrag eine Berechnung beizufügen, aus der sich der durchschnittliche Steuersatz unter Zugrundelegung der durchschnittlichen Jahresarbeitslöhne und der durchschnittlichen Jahreslohnsteuer in jeder Steuerklasse für diejenigen Arbeitnehmer ergibt, denen die Bezüge gewährt werden sollen oder gewährt worden sind.

Das Ganze ist meist eine eher aufwendige Herangehensweise, die vor allem eben die größere Zahl an Fällen erfordert, um wirksam zu werden. Wir möchten daher im Rahmen dieses Fachbuches unsere Betrachtung auf die gesetzlich vorgegebenen **festen Pauschsteuersätze** beschränken, deren wir uns im Detail bei der jeweiligen Vorstellung einer Maßnahme widmen, sofern hierfür Pauschsteuersätze anwendbar sind.

5.4 Abwälzung der Pauschalsteuer

Prinzipiell können Arbeitgeber eine Abwälzung der Pauschalsteuer auf den Arbeitnehmer meist bei allen steuerlichen Pauschalierungsfällen (§§ 40, 40a und 40b EStG) vornehmen.

Allerdings gilt auch hier, dass für die Umsetzung saubere arbeitsrechtliche Rahmenbedingungen geschaffen werden müssen. Dies sollte aber ohnehin größte Priorisierung erfahren, um nicht eine Regelung zu erzielen, deren Konsequenzen dem Mitarbeiter unklar sind und die dann anstelle des positiven Motivationseffektes zu Diskussionen über die Berechnungsgrößen führt.

6 Entgeltgestaltung durch steuerliche und sozialversicherungsrechtliche Besonderheiten

Nachfolgend erhalten Sie unterteilt in steuerfreie, pauschal zu versteuernde und sonstige Leistungen eine Übersicht über besondere Entlohnungsansätze. Oftmals sind steuerfreie Leistungen nur bis zu einem Höchstbetrag steuerfrei. Wir haben diese trotzdem unter dem Oberbegriff der steuerfreien Leistungen gefasst, da eine Einhaltung der Obergrenzen im Rahmen der Entgeltgestaltung ja durchaus möglich und sinnvoll ist, um dann in diesem Zusammenhang verschiedene Optionen miteinander zu kombinieren.

6.1 Steuerfreie Leistungen

Wir haben versucht, die steuerfreien Leistungen alphabetisch aufzuführen, um ein schnelles Auffinden einzelner Optionen zu ermöglichen. Da die Begrifflichkeiten nicht immer ganz eindeutig sind, ist uns dies nicht immer gelungen. Daher lohnt sich ein zweiter Blick, wenn ein Gehaltsextra vermeintlich nicht direkt auffindbar ist.

Ganz wichtig ist uns der folgende Hinweis: steuerfreie Maßnahmen oder auch der pauschalen Lohnsteuer unterworfene basieren im Regelfall auf gesetzlichen Grundlagen. Um spätere Diskussionen mit Prüfern und daraus resultierende Unsicherheiten oder Nachzahlungen zu vermeiden, empfehlen wir immer im Vorfeld die genaue Darstellung einer Maßnahme beim zuständigen Betriebsstättenfinanzamt und dort die Einholung der Erlaubnis für die gewählte Handlungsweise. Man spricht hier von der sog. Anrufungsauskunft, die seitens des Finanzamtes kostenfrei gewährt wird und die wir in Kapitel 7 vorstellen.

In der Praxis werden Maßnahmen bzw. Zahlungen auch mit einem Prüfer vor Ort besprochen. Das ist ein absolut gangbarer Weg, oftmals fehlt hier dann aber eine daraus resultierende schriftliche Stellungnahme für die jeweiligen Sachverhalte. Diese ist im Rahmen der erwähnten Anrufungsauskunft meist einfacher zu erhalten.

Dabei sollte die Wirkung einer Anrufungsauskunft niemals unterschätzt werden: häufig vertreten auch Finanzbeamte unterschiedliche Auffassungen zu gleichen Themen, sodass selbst ein Sachverhalt, der über Jahre hinweg in einer Prüfung keine Beanstandung fand, plötzlich anders beurteilt wird – weil sich die Rechtsauffassung geändert hat oder weil man an einen anderen Prüfer gerät. Dabei kann eine Anrufungsauskunft enorm zur Entspannung der Gemüter beitragen.

6.1.1 Arbeitskleidung

Nach § 3 Nr. 31 EStG kann der Arbeitgeber dem Arbeitnehmer typische Berufskleidung kostenlos und steuerfrei zur Verfügung stellen oder übereignen. Bei typischer Berufskleidung handelt es sich um Kleidung, die üblicherweise nicht in der Freizeit getragen wird, z. B.

- Schutzkleidung in Industrie und Handwerk (z. B. Labormantel, Sicherheitsschuhe, Arbeitshandschuhe),
- Amtstrachten von Richtern und Anwälten,
- Uniformen und Dienstkleidung mit Dienstabzeichen,
- farblich vorgeschriebene Anzüge und Kostüme bei Mitarbeitern einer Fluggesellschaft,
- Bühnenkleidung bei Künstlern.

6 Entgeltgestaltung durch steuerliche und sozialversicherungsrechtliche Besonderheiten

Daneben kennt man oftmals unter der Begrifflichkeit der Berufskleidung Garderobe, deren private Verwendung durch das dauerhafte Anbringen von Firmenemblemen so gut wie ausgeschlossen ist.

Hierzu wurden einige Fälle gerichtlich entschieden und festgelegt, dass ein mit einem aufgebügelten Firmenemblem versehener Blazer, den der Arbeitgeber seinem Mitarbeiter für die Dauer einer Messe überlässt und anschließend wieder zurücknimmt, als typische Arbeitskleidung anzusehen ist. Dabei müssen die Logos entsprechend großflächig angebracht sein, um die Entstehung eines geldwerten Vorteils zu vermeiden.

Nach gerichtlicher Entscheidung stellt dagegen die jährliche Überlassung der neuesten Kollektion hochwertiger Kleidungsstücke durch den Arbeitgeber an Mitglieder der Geschäftsleitung zu Repräsentationszwecken keine Arbeitskleidung dar.

Auch die Kosten für den Kauf und die Reinigung eines schwarzen Anzugs (z. B. eines Bestatters oder eines Mitarbeiters im Sicherheitsdienst) können nicht als Werbungskosten oder Betriebsausgaben geltend gemacht werden, weil das Tragen von schwarzen Anzügen auch bei feierlichen privaten Anlässen üblich ist. Gleiches wurde für das Tragen von Dirndl und Lederhosen als Wirt einer bayerischen Gaststätte nicht anerkannt, was sicher schon etwas grenzwertiger scheint. Ein Finanzamt in Berlin, das über einen solchen Fall zu entscheiden hatte, sah das Tragen von Trachten als nicht alltäglich an und erkannte daher die Arbeitskleidung an: die Wirtin hatte argumentiert, dass sie einmal im Jahr in ihrer Gaststätte eine „Oktoberfestwoche" offerierte. Die Lederhosen und karierten Hemden wurden anerkannt, zugegebenermaßen aber erst nach einer größeren Diskussion mit dem zuständigen Sachgebietsleiter des Finanzamtes.

Nicht als typische Berufskleidung anerkannt wurden im Rahmen diverser Anhörungen und Anfragen darüber hinaus außerdem:

- weiße Hemden, Socken und Schuhe bei Ärzten und Masseuren,
- weiße Kleidung einer ambulant tätigen Krankenpflege-Helferin,
- einheitlich grau gestaltete Kleidung von Chauffeuren,
- Abendkleider einer Instrumentalsolistin,
- schwarze Hose, schwarze Socken, schwarze Schuhe bei Soldaten.

Steuerfrei ist bei Arbeitskleidung nach § 3 Nr. 31 EStG die Überlassung der Kleidungsstücke an den Mitarbeiter, aber auch die Übereignung sowie die Barablösung, also der Kauf der Kleidung durch den Mitarbeiter, der diese Kosten steuerfrei ersetzt bekommt. Wichtig ist, dass die Barablösung gegenüber dem Mitarbeiter nicht höher ist, als seine Aufwendungen ursprünglich waren und der Arbeitnehmer nach Gesetz, Tarifvertrag oder Betriebsvereinbarung einen Anspruch auf die Gestellung von Arbeitskleidung hat und somit betrieblich veranlasst ist.

Aus werblichen Ansätzen abgeleitet ist es manchen Unternehmen sogar gelungen, Kleidung mit Emblem als Werbefläche zum Einsatz zu bringen. Von solchen Ansätzen können wir aus der praktischen Betrachtung heraus nur abraten. Grundsätzlich ist ja bereits die Gestellung von Kleidung rein theoretisch ein geldwerter Vorteil: Der Mitarbeiter erhält kostenlose Kleidung und muss nicht seine eigene Garderobe im Unternehmen einsetzen. Manche Finanzämter folgten aber dem Ansatz, dass diese Betriebskleidung ja seitens des Mitarbeiters nicht getragen werden musste, sondern dieser die Kleidung tragen konnte und damit zur Imagesteigerung des Unternehmens beitrüge. Je kreativer die Ansätze in diesen Bereichen sind, umso wichtiger ist eine detaillierte Abstimmung mit den betroffenen Finanzämtern.

Wir widmen dem Thema Werbefläche noch ein eigenes Kapitel in diesem Ratgeber, da dieser Bereich sehr umstritten ist.

6.1.2 Aufmerksamkeiten

Unter den sog. Aufmerksamkeiten versteht man steuerlich „Sachleistungen des Arbeitgebers, die auch im gesellschaftlichen Verkehr üblicherweise ausgetauscht werden und zu keiner ins Gewicht führenden Bereicherung der Arbeitnehmer führen".

Dieser Satz zeigt deutlich auf, dass die Lohnsteuerrichtlinien nach wie vor dazu angetan sind, einen eigentlich einfachen Sachverhalt so zu beschreiben, dass man sich am Ende nicht mehr sicher ist, ob man den Sachverhalt auch wirklich umfassend verstanden hat. Daher wollen wir hier ein wenig Licht ins Dunkel bringen:

Steuerlich wird zwischen drei Arten von Aufmerksamkeiten unterschieden:

1. **Sachzuwendungen** bis zu einem Wert von 60 Euro, die der Arbeitgeber dem Arbeitnehmer oder dessen Angehörigen **aus Anlass eines besonderen persönlichen Ereignisses** zuwendet (z. B. Blumen, eine Flasche Wein, ein Buch oder eine Schachtel Pralinen).

Praxistipp

Die Freigrenze von 60 Euro brutto bezieht sich auf das einzelne persönliche Ereignis.

Beispiel 1: Herr Klug ist nun schon einige Jahre im Unternehmen und erhält zu seinem runden Geburtstag einen Blumenstrauß vom Abteilungsleiter und einen Blumenstrauß vom Betriebsrat. Jeder Blumenstrauß kostete 35 Euro.

Die Freigrenze von 60 Euro wird überschritten. Der geldwerte Vorteil berechnet sich wie folgt: 67,20 Euro (= (35 Euro + 35 Euro) - 4 %. Die Erläuterung des Abschlags von 4 % erfolgt später im Detail).

Beispiel 2: Herr Ehrlich erhält an seinem runden Geburtstag vom Abteilungsleiter ein Buchgeschenk im Wert von 60 Euro. Eine Woche später kommt der bereits im Vorstellungsgespräch erwähnte Nachwuchs zur Welt und Herr Ehrlich erhält einen Strampler und ein Babyfläschchen im Wert von 50 Euro.

Da es sich um völlig getrennte Ereignisse handelt, die jeweils den Grenzwert von 60 Euro nicht übersteigen, entsteht hier kein geldwerter Vorteil für den Mitarbeiter und dieser kann die Freude an den Geschenken voll auskosten.

Vorsicht: Der Anlass muss ein „echtes" persönliches Ereignis sein, ein Geschenk zu Weihnachten fällt nicht darunter. Zudem wird nicht jedes persönliche Ereignis von den Finanzämtern anerkannt. So ist der Ansatz des Namenstages eines Mitarbeiters absolut umstritten. Wenn Sie diesen würdigen wollen, sollten Sie dies unbedingt durch eine Anrufungsauskunft vom jeweiligen Finanzamt untermauern lassen.

Mitarbeiterjubiläen werden in der Regel im Rahmen der „üblichen" Größenordnungen, d. h. zum 10-jährigen, 25-jährigen und 40-jährigen Jubiläum anerkannt. Manche Finanzämter zeigen ein Entgegenkommen für Jubiläen alle 5 Jahre. Eine jährliche Würdigung der Zugehörigkeit sollten Sie ebenfalls mit dem zuständigen Finanzamt klären.

Sicher und einheitlich in der Wahrnehmung ist: Hochzeiten von Kindern oder aber Kindeskindern sowie deren Geburten sind keine steuerlich anzuerkennenden persönlichen Ereignisse. Die Lohnsteuerrichtlinien definieren dazu, dass es sich beim Anlass des Geschenks um ein persönliches Ereignis eines Mitarbeiters selbst oder eines im Haushalt lebenden Angehörigen handeln muss (R 19.6 Abs. 1 Satz 2 LStR 2023).

Als besondere persönliche Ereignisse, die durch das betriebliche Umfeld bedingt sind, gelten insbesondere die Diensteinführung, ein Amts- oder Funktionswechsel, ein rundes Arbeitnehmerjubiläum oder die Verabschiedung eines Mitarbeiters. Auch ein Geschenk zu einer bestanden Abschlussprüfung käme in Betracht. Die Steuerbefreiung gilt unabhängig davon, ob die Aufmerksamkeit im Rahmen einer Feier oder „einfach so" überreicht wird.

Achtung

Oftmals werden Geschenke auch zu anderen Anlässen überreicht, wie z. B. zum Firmenjubiläum oder insbesondere zu Weihnachten. Hier gilt die steuerfreie Grenze nicht.

Unterschätzen Sie dabei nicht die Wirkung bei den Mitarbeitern, aber auch nicht den administrativen Aufwand, den diese kleinen Gesten nach sich ziehen. Diese sind nur umsetzbar, wenn sich die jeweiligen Vorgesetzten mit ihren Assistenten oder die Kollegen direkt um diese „Kleinigkeiten" kümmern. Eine Lösungsoption kann es zur Vereinfachung der administrativen Belange geben: Sie nutzen eine sog. MitarbeiterCard, die wir noch genauer vorstellen. Grundlage der Karte ist vereinfacht ausgedrückt, dass Geld durch die Einzahlung auf die Karte in einen Sachbezug umgewandelt wird.

Praxistipp

In der Vergangenheit wurde häufig akzeptiert, dass Mitarbeiter sich selbst ein „Geschenk" aussuchten und den Beleg dafür mit ins Unternehmen brachten. Das Geld wurde dann nach Vorlage des Belegs dem Mitarbeiter erstattet. Diese Option gibt es seit 01.01.2020 definitiv nicht mehr. Hierbei würde es sich um eine Kostenerstattung aus Sicht des Finanzamtes handeln und eine solche gilt als Geldleistung. Zulässig ist aber, dass ein Kollege ein Geschenk für einen Mitarbeiter im Auftrag des Arbeitgebers kauft und die Kosten dafür über Reisekosten abrechnet.

2. **Speisen** bis zu einem Wert von 60 Euro **anlässlich eines außergewöhnlichen Arbeitseinsatzes**

Beispiel: Aufgrund eines Systemabsturzes müssen vier Mitarbeiter der IT-Abteilung unvorhergesehen bis ca. 22.00 Uhr im Betrieb bleiben. Der Abteilungsleiter bestellt bei einem Pizza-Service auf Firmenkosten Speisen und Getränke im Gesamtwert von 57 Euro. Lohnsteuerlich spricht man hier von einem Arbeitsessen.

6 Entgeltgestaltung durch steuerliche und sozialversicherungsrechtliche Besonderheiten

Ein Arbeitsessen in diesem Sinne liegt vor, wenn der Arbeitgeber den Mitarbeitern anlässlich oder während eines außergewöhnlichen Arbeitseinsatzes (z. B. während einer außergewöhnlichen betrieblichen Besprechung oder Sitzung), im ganz überwiegenden betrieblichen Interesse an einer optimalen zeitlichen Gestaltung des Arbeitsablaufs Speisen bis zu dieser Freigrenze unentgeltlich oder teilentgeltlich überlässt.

Da in unserem Beispiel der Gesamtbetrag unter 60 Euro bleibt, entsteht auch hier kein geldwerter Vorteil. Der Gesetzgeber sieht hier einen Wert von bis zu 60 Euro je Arbeitnehmer vor. Dies erscheint außergewöhnlich hoch, da ein Essen für 60 Euro pro Person wohl meist doch nicht mehr rein dem Gedanken eines Arbeitsessens entsprechen würde, sondern eher als Dankeschön oder Anerkennung gewertet würde. Rein aus den steuerlichen Richtlinien abgeleitet, gilt aber auch hier die Freigrenze von bis zu 60 Euro. Erst ab diesem Ansatz von Kosten je Mitarbeiter mutiert ein Arbeitsessen steuerlich offiziell zur Belohnung und muss dann individuell versteuert werden.

Praxistipp

Vermerken Sie aus Dokumentationsgründen eine kurze Begründung für den außergewöhnlichen Arbeitseinsatz und die Namen der bewirteten Arbeitnehmer auf der Rechnung.

Erfolgt die Mahlzeitengestellung nach Beendigung des Arbeitseinsatzes, ist der Vorteil regelmäßig steuerpflichtiger Arbeitslohn. Wichtig ist zudem, dass es sich um einen außergewöhnlichen Einsatz handelt. Anlässlich regelmäßiger Besprechungen ist eine steuerfreie Mahlzeitengewährung nicht möglich.

3. **Getränke und Genussmittel,** die das Unternehmen seinen Arbeitnehmern kostenfrei zur Verfügung stellt

Hierzu zählen z. B. Kaffee, Tee, Wasser („Teeküche"), Besprechungskekse. Der Gesetzgeber spricht genau in diesem Zusammenhang von den eingangs erwähnten Sachleistungen des Arbeitgebers, die auch im gesellschaftlichen Verkehr üblicherweise ausgetauscht werden und zu keiner ins Gewicht fallenden Bereicherung der Mitarbeiter führen, sondern lediglich angenehme Arbeitsbedingungen schaffen sollen. Dabei sollte es der Arbeitgeber aber nicht übertreiben. Die Gestellung einer Mahlzeit wäre nämlich steuerpflichtiger Arbeitslohn und im Betrieb mit dem Sachbezugswert 2023 von 2,00 Euro für ein Frühstück und 3,80 Euro für ein Mittagessen als Lohn anzusetzen.

Die Differenzierung ist hier sicherlich schwierig: In der Regel wird z. B. ein **Obstkorb am Arbeitsplatz** noch als Aufmerksamkeit anerkannt, ebenso Müsliriegel oder ähnliche Snacks. Brötchen, Croissants oder Brezeln könnte ein Prüfer schon als Frühstück und damit als Mahlzeit ansehen.

Ein besonderes Urteil hat sich Ende 2019 großer Beliebtheit erfreut: Im Streitfall hatte der Arbeitgeber seinen Arbeitnehmern unbelegte Backwaren wie Laugen-, Käse-, Käse-Kürbis-, Rosinen-, Schoko-, Roggenbrötchen etc. und Rosinenbrot nebst Heißgetränken zum sofortigen Verzehr im Betrieb kostenlos bereitgestellt. Das Finanzamt sah dies als ein Frühstück an, das mit den amtlichen Sachbezugswerten zu versteuern sei. Dieser Sicht folgte der BFH nicht: er sah in den Rosinenbrötchen etc. keine Mahlzeit, es fehle am Belag auf den Brötchen.

In vielen Unternehmen wurden diese begleitenden Maßnahmen sehr zum Bedauern der Belegschaft aufgrund der damit verbundenen Unsicherheit in den Anwendungsgebieten abgeschafft. Bevor man diese wieder einführt, sollte innerhalb eines Unternehmens klar definiert werden, was erlaubt und gewünscht ist.

Manche Arbeitgeber offerieren ihren Mitarbeitern zum Beispiel täglich frisches Obst kostenfrei. Dies muss aber immer frisch eingekauft werden und wird häufig vernichtet, wenn es nicht von den Mitarbeitern konsumiert wurde. Oftmals wurde dann auf frische Säfte umgeschwenkt. Diese müssen aber nach Öffnung im Kühlschrank verwahrt werden oder sind sehr schnell ebenfalls nicht mehr genießbar. Aufwand versus Wirkung muss sich hier also die Waage halten. Als gute Lösung hat sich oftmals bewährt, den einzelnen Abteilungen einen bestimmen Geldbetrag für Maßnahmen oder Einkäufe dieser Art zur Verfügung zu stellen. Dann können die Mitarbeiter selbst entscheiden, für was dieser Zuschuss verwendet wird. Der Überraschungseffekt entfällt damit zwar, die Nutzung der Mittel ist aber sichergestellt.

Praxistipp

Die 60 Euro-Grenze ist eine Freigrenze, kein Freibetrag. Dies bedeutet, dass jedes Überschreiten – und sei es auch nur um 1 Cent – Lohnsteuer- und Sozialversicherungspflicht nach sich zieht. Diese Freigrenze darf nur für Sachzuwendungen angewendet werden. Geldzuwendungen sind immer steuerpflichtig, auch wenn sie weniger als 60 Euro betragen.

> **Hinweis**
>
> Aufmerksamkeiten können auch unter Nutzung der 50 Euro-Freigrenze steuerfrei verbleiben.

In der Praxis hat sich gezeigt, dass insbesondere Unternehmen, die ihren Mitarbeitern immer wieder neue Aktionen bieten, einen sehr guten Erfolg verzeichnen können. So kann dies im Winter ein Crêpestand mit Glühwein sein, im Sommer die Anschaffung von Eis für die Belegschaft oder auch eine Runde Smoothies für alle.

6.1.3 BahnCard

Seit 01.01.2019 sind Arbeitgeberleistungen für Fahrten des Arbeitnehmers mit öffentlichen Verkehrsmitteln im Linienverkehr zwischen Wohnung und erster Tätigkeitsstätte und für alle Fahrten des Arbeitnehmers im öffentlichen Personennahverkehr unter bestimmten Voraussetzungen steuerfrei (§ 3 Nr. 15 EStG).

Welche Auswirkungen hat dies auf die BahnCard?

Die BahnCard wird im Regelfall für die Fahrt Wohnung/erste Tätigkeitsstätte angeschafft, aber auch für Fahrten im Rahmen von Dienstreisen (Auswärtstätigkeiten) oder wöchentlichen Familienheimfahrten im Rahmen einer doppelten Haushaltsführung genutzt. In dem Fall ist die Arbeitgeberleistung nach Dienstreisegrundsätzen steuerfrei (§ 3 Nr. 13 oder 16 EStG), soweit sie auf diese Fahrten entfällt.[1]

---

[1] Die Steuerfreistellung nach § 3 Nr. 13 oder 16 EStG hat dabei Vorrang gegenüber der nach § 3 Nr. 15 EStG, so das BMF (Schreiben vom 15.08.2019, Az. IV C 5 – S 2342/19/10007 :001, Rz. 14).

Der Arbeitgeber kann wie bisher auch mit einer Prognoserechnung prüfen, ob die Fahrkarte bereits bei der Beschaffung steuerfrei belassen werden kann. Hier sind folgende Ansätze zu unterscheiden:

1. Prognostizierte **Voll**amortisation durch Fahrten nach **§ 3 Nr. 13 oder 16 EStG** – für Dienstreisen und Familienheimfahrten

   Die Prognose zum Zeitpunkt der Ausgabe der BahnCard kann ergeben, dass die Summe

   – aus den ersparten Kosten für Einzelfahrscheine (Kosten, die bei Nichtnutzung der BahnCard für die Fahrten im Rahmen einer Dienstreise (Auswärtstätigkeit) oder wöchentliche Familienheimfahrten bei doppelter Haushaltsführung anfallen würden.)

   – die Kosten der Fahrkarte für die entsprechende Gültigkeitsdauer

   erreichen oder übersteigen (prognostizierte Vollamortisation ohne § 3 Nr. 15 EStG). Dann ist die Überlassung der Fahrkarte in voller Höhe als Reisekosten bzw. Kosten für doppelte Haushaltsführung steuerfrei. Die Nutzungsmöglichkeiten darüber hinaus sind nicht von Bedeutung.

   Tritt die prognostizierte Vollamortisierung aus unvorhersehbaren Gründen (z. B. Krankheit oder Verschiebung von Dienstreisen) nicht ein, **muss nicht nachversteuert werden**.

   Ändern sich die zugrunde liegenden Annahmen grundlegend, ist eine neue Prognose für den Rest der Gültigkeitsdauer erforderlich. Dies ist z. B. der Fall, wenn der Mitarbeiter einen Wechsel vom Außendienst in den Innendienst vornimmt.

2. Prognostizierte **Voll**amortisation unter Einbezug von **§ 3 Nr. 15 EStG**

Die BahnCard verbleibt auch steuerfrei, wenn die Prognose zum Zeitpunkt der Übergabe der Fahrkarte ergibt, dass die Summe

- aus den regulären Kosten für Einzelfahrscheine

und

- dem regulären Verkaufspreis einer Fahrkarte für die Strecke Wohnung/erste Tätigkeitsstätte

die Kosten der BahnCard für den entsprechenden Gültigkeitszeitraum erreicht oder übersteigt.

Seit 01.01.2019 können durch die Steuerfreiheit der sog. Job-Tickets und damit der Fahrten zwischen Wohnung und erster Tätigkeitsstätte also auch diese in die Amortisationsrechnung der BahnCard mit aufgenommen werden. Dies war zuvor nicht erlaubt.

Praxistipp

Allerdings muss der Anteil der Fahrten, der auf die Fahrten zwischen Wohnung und erster Tätigkeitsstätte entfällt, bei der Entfernungspauschale des Arbeitnehmers im Rahmen der Einkommensteuererklärung abgezogen werden.

Der Umfang der späteren tatsächlichen Nutzung und die darüber hinaus gehenden privaten Nutzungsmöglichkeiten sind **unerheblich für die Prüfung.**

Generell gilt weiterhin: Die Fahrten zu den Auswärtstätigkeiten bzw. die täglichen Einsparungen müssen detailliert nachgewiesen werden. In den Beispielsfällen im BMF-Schreiben wird nämlich immer davon ausgegangen, dass am Ende der Laufzeit der BahnCard 100 die Kosten, die für Dienstreisen angefallen wären, bekannt sind. Tatsächlich ist dies nur der Fall, wenn der Arbeitnehmer während der Gültigkeitsdauer der BahnCard Aufzeichnungen über die Kosten für Bahnfahrten führt, die angefallen wären.

3. Prognostizierte Teilamortisation durch Fahrten nach § 3 Nr. 13 oder 16 EStG

Ergibt die Prognose zum Zeitpunkt der Beschaffung der Fahrkarte, dass die Summe

– aus den regulären Kosten für Einzelfahrscheine

und

– dem regulären Verkaufspreis einer Fahrkarte für die Strecke Wohnung/erste Tätigkeitsstätte

für den entsprechenden Gültigkeitszeitraum die Kosten der Fahrkarte **nicht** erreicht, handelt es sich um eine prognostizierte Teilamortisation.

In dem Fall stellt die Überlassung der Fahrkarte bzw. die Kostenerstattung zunächst in voller Höhe steuerpflichtigen Arbeitslohn dar. Sie kann für den Part steuerfrei verbleiben, für den die Auswärtstätigkeit nachgewiesen werden kann, also die Voraussetzungen für eine Steuerfreistellung nach § 3 Nr. 15 EStG vorliegen. Für die weiteren Anteile ist die Überlassung der Fahrkarte bzw. die Kostenerstattung lohnsteuerpflichtig (BMF-Schreiben vom 15.08.2019, Rz. 19).

Arbeitgeber sollten also sehr genau und nachvollziehbar dokumentieren, wie die Prognoseentscheidung ermittelt wurde.

Denkbar ist auch, den Wert der BahnCard 100 zunächst in voller Höhe als steuerpflichtigen geldwerten Vorteil zu versteuern und die ersparten Fahrtkostenaufwendungen dann am Ende des Gültigkeitszeitraums dem steuerpflichtigen Arbeitslohn gegenüberzustellen und diesen entsprechend zu reduzieren. Bei einer Gültigkeit der Fahrkarte über den Jahreswechsel hinaus sowie bei einer mehrjährigen Gültigkeitsdauer ist der Korrekturbetrag zum Ende eines jeden Kalenderjahrs sowie zum Ende des Gültigkeitszeitraums anhand der in dem jeweiligen Zeitraum durchgeführten Fahrten für Dienstreisen (Auswärtstätigkeiten) bzw. wöchentlichen Heimfahrten bei einer doppelten Haushaltsführung sowie anhand des zeitanteiligen regulären Verkaufspreises einer Fahrkarte für die Strecke Wohnung/erste Tätigkeitsstätte zu ermitteln.

Praxistipp

Im Rahmen der sozialversicherungsrechtlichen Betrachtung muss eine Überprüfung immer spätestens zum Februar des Folgejahres final abgeschlossen und nachversteuert sein.

6.1.4 Belegschaftsrabatte

Wenn Arbeitgeber ihren Arbeitnehmern kostenlos oder verbilligt Waren bzw. Dienstleistungen überlassen, handelt es sich um einen Belegschafts- oder Personalrabatt. Lohnsteuer-

und sozialversicherungsrechtlich handelt es sich hierbei grundsätzlich um einen geldwerten Vorteil.

Personalrabatte, die ein Arbeitgeber seinen Arbeitnehmern aufgrund seines Dienstverhältnisses bei der Überlassung von Waren, Dienstleistungen und sonstigen Leistungen seiner Produktpalette gewährt, sind innerhalb gewisser Grenzen, nämlich bis zu 1.080 Euro im Kalenderjahr, als Rabattfreibetrag nicht abgabenpflichtig. Außerdem wird ein Wertabschlag von 4 % gewährt.

Die rechtlichen Grundlagen finden sich in § 8 Abs. 3 EStG und § 4 Abs. 2 Nr. 3 LStDV, die Verwaltungsgrundsätze sind in R 8.2 LStR geregelt.

Für die Anwendung des § 8 Abs. 3 EStG ist es aber nicht erforderlich, dass der Arbeitgeber die zu beurteilende Ware oder Dienstleistung fremden Letztverbrauchern im allgemeinen Geschäftsverkehr anbietet. Der Arbeitgeber muss mit den Waren am Markt in Erscheinung treten: es ist unerheblich, wenn er diese nicht Letztverbrauchern anbietet. Der Rabatt-Freibetrag ist trotzdem nutzbar.

Beispiel 1: Ein Unternehmen besitzt in ganz Deutschland Filialen, in denen Wohnmöbel an private Endverbraucher verkauft werden. Die Mitarbeiter des Unternehmens erhalten auf diese Möbel 20 % Rabatt.

Frau Frohsinn nutzt die Gelegenheit, ihre Studentenbude „aufzumöbeln" und kauft eine Schrankwand, die im Verkauf 3.000 Euro gekostet hätte, für 2.400 Euro.

Da sich der Vorteil für die Mitarbeiterin auf maximal 600 Euro beläuft, entsteht hier kein zu versteuernder geldwerter Vorteil. Der Vorgang bleibt für die Mitarbeiterin steuerfrei, weil die Grenze von 1.080 Euro nicht überschritten wurde.

Hinweis

Bei dem Betrag von 1.080 Euro pro Kalenderjahr handelt es sich um einen Freibetrag, d. h. bei Überschreitung des Betrages ist „nur" der diesen Betrag übersteigende Anteil zu versteuern. Übliche Preisnachlässe dürfen auch hier mit 4 % bewertet werden.

Sowohl die vorhandene Belegschaft wird es schätzen, günstiger Waren zu beziehen, als auch unsere drei potenziellen neuen Mitarbeiter. Sicher setzt dies aber immer ein passendes Waren- und Dienstleistungsportfolio voraus und ist nicht für alle Unternehmen anwendbar. Beachten Sie, dass auch elektrischer Strom eine Ware ist oder Beratungen, Kontenführung, Beförderungsleistungen etc. zu den Dienstleistungen zählen.

Beispiel 2: Herr Ehrlich hat sich nun seinen Traum vom eigenen Haus erfüllt und kauft eine Schrankwand, die im Verkauf 8.000 Euro gekostet hätte, für 6.200 Euro.

Berechnung des Wertes des Sachbezugs:

8.000 Euro	
- 320 Euro	(4 % übliche Preisnachlässe)
7.680 Euro	
- 6.200 Euro	(vom Mitarbeiter gezahlter Kaufpreis)
1.480 Euro	
- 1.080 Euro	(Rabattfreibetrag)
400 Euro	müssen versteuert/verbeitragt werden

Tritt der Arbeitgeber nicht selbst mit Endverbrauchern in Kontakt, muss er den üblichen Endpreis am Abgabeort ermitteln. Übliche Preisnachlässe dürfen mit einem Abschlag von 4 % bewertet werden.

Beispiel 3: Ein Unternehmen produziert Wohnmöbel, die es an Möbelhändler verkauft. Der Arbeitgeber räumt seinen Arbeitnehmern die Möglichkeit ein, Möbel aus der Produktion verbilligt zu kaufen. Herr Klug kauft eine Schrankwand, die der Arbeitgeber für 1.800 Euro (inkl. MwSt) an Möbelhändler verkauft, für 1.200 Euro für die Studentenwohnung seines Sohnes.

Eine Umfrage des Arbeitgebers ergibt, dass die ansässigen Möbelhändler diese Schrankwand für durchschnittlich 2.500 Euro (inkl. MwSt) in den Preislisten für Endverbraucher stehen haben.

Der Sachbezug ermittelt sich dann wie folgt:

	2.500 Euro	(nicht 1.800 Euro)
−	100 Euro	(4 % übliche Preisnachlässe)
	2.400 Euro	
−	1.200 Euro	(vom Arbeitnehmer gezahltes Entgelt)
	1.200 Euro	
−	1.080 Euro	(Rabattfreibetrag)
	120 Euro	müssen versteuert/verbeitragt werden

Der Rabatt-Freibetrag findet **keine** Anwendung,

- für Sachbezüge, die nach § 40 EStG pauschal versteuert werden,

- für Waren und Dienstleistungen, die der Arbeitgeber überwiegend für den Bedarf der Arbeitnehmer herstellt, vertreibt oder erbringt (z. B. Kantinenmahlzeiten),

- soweit Arbeitnehmer Waren beziehen oder Dienstleistungen erhalten können, die in einem mit dem Arbeitgeber im Konzern verbundenen Unternehmen hergestellt, gehandelt oder erbracht werden,

- wenn der Arbeitnehmer den als Lohn zu beurteilenden Sachbezug auf Veranlassung des Arbeitgebers von einem Dritten erhält, es sich also nicht um Waren oder Dienstleistungen des Arbeitgebers handelt,

- für Waren und Dienstleistungen, die der Arbeitgeber nicht als eigene liefert oder erbringt.

Der Rabattfreibeitrag bezieht sich auf das konkrete, rechtlich selbstständige Unternehmen.

Beispiel 4: Die Firma „Möbelhaus Muster GmbH" lagert die Liegenschaftsverwaltung ihrer zahlreichen Filialmärkte in eine dafür neu gegründete „Möbelhaus Muster Immobilienverwaltungs-GmbH" aus. Die Mitarbeiter der „Möbelhaus Muster Immobilienverwaltungs-GmbH" erhalten Arbeitsverträge mit der „Möbelhaus Muster Immobilienverwaltungs-GmbH", dürfen aber ebenfalls in den Filialen der „Möbelhaus Muster GmbH" Möbel mit 20 % Rabatt erwerben.

Die Anwendung des Rabattfreibetrages kommt für die Mitarbeiter der „Möbelhaus Muster Immobilienverwaltungs-GmbH" nicht in Betracht, denn das „Kerngeschäft" der „Möbelhaus Muster Immobilienverwaltungs-GmbH" ist die Liegenschaftsverwaltung, nicht der Verkauf von Möbeln.

Praxistipp

Gewährt ein Konzernunternehmen Mitarbeitern anderer Konzernunternehmen Rabatte, liegt nach Auffassung der Finanzverwaltung „Arbeitslohn durch Dritte" vor, der entsprechend nach § 37b EStG zu versteuern (und zu verbeitragen) ist. Daher müssen Sachbezüge innerhalb eines Konzerns gemeldet und abgestimmt werden.

6 Entgeltgestaltung durch steuerliche und sozialversicherungsrechtliche Besonderheiten

Exkurs: Rabatte, die von Dritten eingeräumt werden

Immer wieder kommt es in Unternehmen zu Einkaufsvorteilen für Arbeitnehmer, die nicht unmittelbar vom Arbeitgeber eingeräumt wurden. Preisvorteile gehören zum Arbeitslohn, wenn der Arbeitgeber an der Verschaffung der Vorteile mitgewirkt hat, also z. B.

- den Preisvorteil für den Arbeitnehmer ausgehandelt hat,
- für den Dritten Verpflichtungen übernommen hat, z. B. Inkassotätigkeit,
- Preisvorteile den Arbeitnehmern eines Dritten einräumt und dafür die eigenen Arbeitnehmer auch Rabatte bei diesem Dritten erhalten.

Es besteht **kein** Arbeitslohn, wenn der Arbeitgeber seine Aktivitäten darauf beschränkt

- Angebote Dritter in seinem Unternehmen bekannt zu machen,
- Angebote Dritter in seinem Unternehmen zu dulden,
- die Betriebszugehörigkeit seiner Mitarbeiter zu bescheinigen.

Ohne Zufluss von Arbeitslohn entsteht kein geldwerter Vorteil. Diese Waren und Dienstleistungen bleiben also steuer- und sozialversicherungsfrei.

Die Mitwirkung des Betriebsrates hat sich der Arbeitgeber nicht zurechnen zu lassen. Wenn also beispielsweise der örtliche Weinhändler den Mitarbeitern eines Unternehmens gegen Vorlage des Mitarbeiterausweises oder einer Bestätigung des Arbeitgebers bzgl. der Beschäftigung einen Rabatt gewährt und der Arbeitgeber diesen nicht verhandelt oder forciert hat, verbleibt diese Rabattgewährung durch Dritte steuer- und sozialversicherungsfrei.

Die Regelung der Rabatte von Dritter Seite hat das BMF mit BMF-Schreiben vom 20.01.2015 fixiert.

Inzwischen gibt es hier verschiedene Plattformen mit Mitarbeiterangebotsprogrammen, die wechselnd Rabattangebote aus verschiedenen Branchen zusammenstellen. Insbesondere, wenn etablierte Marken auf den Plattformen vertreten sind, werden diese Angebote von Mitarbeitern als sehr attraktiv empfunden und können einen echten Mehrwert darstellen.

6.1.5 Betriebliche Altersversorgung

Lange Jahre galt die betriebliche Altersversorgung (bAV) als wichtiger Bestandteil der Entgeltgestaltung in Unternehmen, bevor sie an Bedeutung verlor und der Wunsch nach der sofortigen Verfügbarkeit der Gehälter in den Vordergrund rückte. Durch die Reduzierung der zu erwartenden gesetzlichen Renten und steuerliche Gestaltungsmaßnahmen (wie z. B. das seit dem 01.01.2018 gültigen Betriebsrentenstärkungsgesetz) wurde die betriebliche Altersvorsorge für alle Arbeitgeber und Arbeitnehmer wieder attraktiver.

Prinzipiell unterscheidet man in der Altersversorgung verschiedene Bausteine/Säulen:

1. **Säule: Rentenzahlungen der Deutschen Rentenversicherung:**

   Diese sog. Basisrente ist steuerbegünstigt und wird je nach Jahrgang sicherlich nicht mehr ausreichen, um unsere oder die Bedürfnisse unserer Mitarbeiter im Alter abzudecken.

2. **Säule: Vorsorge-Sparen:**

   Gemeint ist damit die Absicherung durch betriebliche Altersvorsorge, geleistet durch den Arbeitgeber oder durch sog. Entgeltumwandlungen.

3. Säule: Vorsorge-Sparen aus privatem Kapital

Da die erste Säule keine ausreichende Absicherung mehr liefert und die dritte Säule keine Steuerbegünstigung darstellt, verbleibt aus Arbeitgebersicht die Säule 2, der wir hier genauere Beachtung schenken wollen.

6.1.5.1 Heutige Durchführungswege der bAV

Im Rahmen der betrieblichen Altersvorsorge unterscheiden wir fünf Durchführungswege:

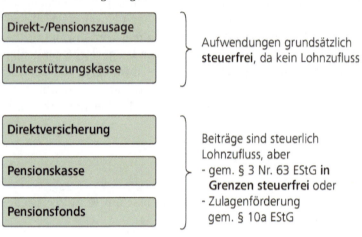

Direkt-/Pensionszusage

Die Direkt-/Pensionszusage wird im Regelfall rein durch den Arbeitgeber bedient und mündet im Rentenalter in einer Betriebsrente. Da viele Unternehmen aus der Vergangenheit noch umfangreiche Rentenzusagen zu bewältigen haben, gibt es heute Konstellationen, in denen ein Unternehmen mehr Rentenempfänger als Arbeitnehmer hat. Keine erquickliche Vorstellung für einen Arbeitgeber. Daher sollte mit Rentenzusagen generell eher vorsichtig umgegangen werden.

Steuer- und sozialversicherungsrechtlich sind Zahlungen des Arbeitgebers dabei in vollem Umfang frei. Leistungen, die aus einer Entgeltumwandlung stammen, sind bis zu 4 % der Beitragsbemessungsgrenze in der gesetzlichen Rentenversicherung beitragsfrei.

Unterstützungskasse

Unterstützungskassen (U-Kassen) sind ebenfalls von rückläufiger Bedeutung, da diese früher direkt für einen Arbeitgeber eingerichtet und häufig auch nach diesem benannt wurden. Verbunden damit ist aber ein entsprechender Verwaltungsaufwand, der heute oftmals gescheut wird.

Denkbar ist, als Arbeitgeber Mitglied in einer offenen U-Kasse zu werden, da diese Form der betrieblichen Altersversorgung insbesondere für Führungskräfte sinnvoll sein kann, die relativ umfangreiche Mittel in eine betriebliche Altersversorgung investieren wollen. Hintergrund dazu ist, dass sowohl der Aufwand des Arbeitgebers als auch die Zahlungen des Arbeitnehmers im Rahmen einer Entgeltumwandlung in vollem Umfang ohne betragsmäßige Begrenzung steuerfrei eingezahlt werden können.

Allerdings darf sich der geleistete Beitrag nicht reduzieren, d. h. ein einmal vereinbarter Beitrag von 10.000 Euro aus einer jährlichen Tantieme muss dann auch jährlich eingebracht werden. Sozialversicherungsrechtlich ist der Aufwand des Arbeitgebers beitragsfrei und die Einzahlungen des Arbeitnehmers im Rahmen einer Entgeltumwandlung sind bis zu 4 % der Beitragsbemessungsgrenze in der gesetzlichen Rentenversicherung beitragsfrei.

Direktversicherung/Pensionskasse/Pensionsfonds

Diese drei Durchführungswege sind die heutzutage am häufigsten gewählten und in ihrer steuerrechtlichen Wirkung sehr ähnlich. Es bestehen aber Unterschiede in der Übertragbarkeit beim Arbeitgeberwechsel und sonstigen Rahmenbedingungen, sodass man sich vor einer Entscheidung für einen der Durchführungswege von einem Fachmann beraten lassen sollte. Um diese Wege weiter zu fördern und darüber hinaus Raum für weitere steuerfreie Optionen zu schaffen, wurde zum 01.01.2018 das neue Betriebsrentenstärkungsgesetz ins Leben gerufen.

6.1.5.2 Das Betriebsrentenstärkungsgesetz

Das Betriebsrentenstärkungsgesetz ist ein steuer- und sozialrechtliches Reformpaket, das ab 01.01.2018 in verschiedenen Stufen Umsetzung fand. Der Gesetzgeber verfolgt damit das Ziel einer besseren Verbreitung der betrieblichen Altersversorgung. Die meisten Neuregelungen gelten seit 01.01.2018.

Das Betriebsrentenstärkungsgesetz umfasst folgende Bestandteile:

Bereits vor Inkrafttreten des Gesetzes war jeder Arbeitgeber verpflichtet, seinen Mitarbeitern eine Form der bAV anzubieten. Seit 01.01.2018 unterstützt das Betriebsrentenstärkungsgesetz die Bemühungen dazu noch stärker und regelt folgende Punkte:

■ Steuerfreiheit der Beiträge

■ Erhöhung des steuerfreien Dotierungsrahmens

Der steuerfreie jährliche Höchstbetrag in der kapitalgedeckten bAV wurde ab 01.01.2018 auf 8 % der Beitragsbemessungsgrenze der gesetzlichen Rentenversicherung (West) angehoben. Im Gegenzug entfällt der Aufstockungsbetrag in Höhe von 1.800 Euro. Pauschal versteuerte Beiträge (Zusagen nach § 40b EStG a. F.) sind darauf anzurechnen. So sind also 2023 8 % von 87.600 Euro steuerfrei, d. h. 7.008 Euro.

Sozialabgabenfrei sind weiterhin nur 4 % der BBG RV (West), 2023 also 3.504 Euro.

Beispiel: Für einen Arbeitnehmer liegen folgende Verträge zur betrieblichen Altersvorsorge vor:

Vertrag 1:

Direktversicherung ab 01.01.2004, AG-Leistung 1.752 Euro jährlich,

Vertrag 2:

Pensionskasse ab 01.01.2005, Entgeltumwandlung 5.000 Euro jährlich.

Hier gilt dann folgendes:

Vertrag 1 ist als sog. Altvertrag bis dato in der Lohnsteuer pauschaliert worden und verbleibt damit auch weiterhin mit dem vollen Volumen von 1.752 Euro in der Pauschalversteuerung und damit sozialversicherungsfrei.

Vertrag 2 ist bis zu 8 % der Beitragsbemessungsgrenze steuerfrei, also in 2023 bis zu 7.008 Euro. Die bereits für die pauschalierte Versicherung genutzten Anteile müssen davon abgezogen werden. Es verbleiben also noch 7.008 Euro ./. 1.752 Euro = 5.256 Euro, die steuerfrei genutzt werden können. Sozialversicherungsfrei verbleiben nur maximal 4 % der Beitragsbemessungsgrenze, somit also 3.504 Euro ./. 1.752 Euro = 1.752 Euro von Vertrag 2.

Vereinfachung der Abgrenzung von Alt- und Neuzusagen

Seit 01.01.2018 entfällt die Unterscheidung nach Altzusage (vor 2005) und Neuzusage (nach 2004). Wurde für einen Arbeitnehmer vor dem 01.01.2018 mindestens ein Beitrag rechtmäßig nach § 40b EStG a. F. pauschalversteuert, liegen für diesen Arbeitnehmer die Voraussetzungen für die Anwendung des § 40b EStG a. F. sein ganzes Leben lang vor.

Bei einem Arbeitgeberwechsel genügt es, wenn der Arbeitnehmer die Durchführung der pauschalen Versteuerung nachweist, z. B. durch Gehaltsabrechnung oder Bescheinigung des alten Arbeitgebers, so das Gesetz. In der Praxis empfehlen wir dringend, den alten Vertrag auch bisher für die Prüfung anzufordern, da die meisten Mitarbeiter diese Unterscheidungen in der bAV nicht wirklich einschätzen können.

Vervielfältigung bei Auflösung des Arbeitsverhältnisses

Aus Anlass der Beendigung eines Dienstverhältnisses wurden die Grenzen der zu einer bAV steuerfrei leistbaren Beiträge angehoben. Sie verbleiben nach derzeitigem Rechtsstand steuer-, aber nicht sozialabgabenfrei,

- soweit sie 4 % der BBG RV (West),
- vervielfältigt mit der Anzahl der Kalenderjahre, in denen das Dienstverhältnis bestand,
- höchstens jedoch 10 Kalenderjahre,
- nicht übersteigen.

Hinweis

Abfindungen, die für den Verlust des Arbeitsplatzes geleistet werden, gehören nicht zum Arbeitsentgelt im Sinne der Sozialversicherung.

Vervielfältigung bei Nachzahlungen bei ruhendem Arbeitsverhältnis

Nachzahlungen von Beiträgen an kapitalgedeckte Pensionsfonds, Pensionskassen und Direktversicherungen können steuerfrei bis maximal 8 % der BBG RV (West) geleistet werden, für volle Kalenderjahre (01.01. – 31.12.),

- in denen das erste Dienstverhältnis ruhte und
- in Deutschland kein steuerpflichtiger Arbeitslohn bezogen wurde (z. B. Elternzeit, Sabbatjahre, Entsendung ins Ausland).

Praxistipp

Berücksichtigt werden hier auch Kalenderjahre vor 2018, wenn die Nachzahlung erst nach dem 01.01.2018 erfolgt und maximal 10 Kalenderjahre umfasst.

bAV-Förderbetrag für Arbeitnehmer mit niedrigem Einkommen

Um den Aufbau einer betrieblichen Altersvorsorge für Arbeitnehmer mit niedrigem Einkommen zu unterstützen, wurde ein neuer Förderbetrag nach § 100 EStG eingeführt. Der Arbeitgeber kann unter bestimmten Voraussetzungen 30 % des Arbeitgeberzuschusses zur betrieblichen Altersvorsorge direkt von der Lohnsteuer-Anmeldung absetzen.

Voraussetzungen dafür ist die Einhaltung bestimmter Grundlagen, die wir nachfolgend dargestellt haben.

Anlageform:

- Kapitalgedeckte bAV (Direktversicherung, Pensionskasse, Pensionsfonds).
- Auszahlung in Form einer Rente oder eines Auszahlungsplans.
- Abschluss- und Vertriebskosten dürfen nur als fester Anteil der laufenden Beträge einbehalten werden (keine Zillmerung).

Arbeitgeber:

- Der Arbeitgeber ist als inländischer Arbeitgeber oder ausländischer Verleiher zum Lohnsteuerabzug verpflichtet.
- Der Arbeitgeber-Zuschuss umfasst mindestens 240 Euro, maximal 480 Euro im Kalenderjahr. Rückwirkend zum 01.01.2020 wurde der Maximalbetrag von 480 Euro auf 960 Euro angehoben.

Arbeitnehmer:

- Der Förderbeitrag ist nur für das erste Dienstverhältnis nutzbar.
- Es muss sich um einen sog. Geringverdiener handeln, d. h. der laufende Arbeitslohn zum Zeitpunkt der Zahlung durfte bis 31.12.2019 monatlich 2.200 Euro nicht übersteigen. Seit 01.01.2020 gilt eine höhere Geringverdienergrenze von 2.575 Euro.

> **Praxistipp**
>
> Die Geringverdienergrenze gilt auch als unterschritten, wenn der Mitarbeiter in Teilzeit tätig ist. Wenn für einen Monat das Gesamtentgelt die 2.575 Euro-Grenze unterschreitet, ist der Abzug des Förderbetrages möglich. Erhöht sich später das Gehalt rückwirkend (z. B. durch Tariferhöhung), muss der Förderbetrag nicht rückwirkend reduziert bzw. erstattet/korrigiert werden.

Berechnung: Der Förderbetrag beträgt 30 % des AG-Zuschusses:

- min. 72 Euro jährlich (30 % aus 240 Euro)
- max. 288 Euro jährlich (30 % aus 960 Euro)

Hat der Arbeitgeber bereits 2016 einen Zuschuss geleistet, ist der Förderbetrag auf den Betrag beschränkt, den der Arbeitgeber darüber hinaus leistet. Hat der Arbeitgeber erstmalig 2017 einen Zuschuss geleistet, ist dieser voll förderfähig. 2016 bildet das „Grenzjahr".

Beispiel: Der Arbeitnehmer bezieht im Januar 2023 ein Einkommen von 2.300 Euro brutto, der Arbeitgeber zahlt einen Zuschuss zur bAV in Höhe von 40 Euro monatlich. Bis 2016 hat der Arbeitgeber keinen Zuschuss geleistet.

Der Arbeitgeber kann 12 Euro (30 % aus 40 Euro) von der Lohnsteuer-Anmeldung absetzen. Wenn das Einkommen z. B. ab Oktober 2023 auf 2.600 Euro steigt, wird ab diesem Zeitpunkt der Arbeitgeberzuschuss nicht mehr gefördert.

Ist die Situation wie gerade beschrieben und der bAV-Zuschuss wird im Januar direkt in voller Höhe bezahlt (12 x 40 Euro), dann erfolgt keine Rückrechnung der bereits einbehaltenen Förderbeträge.

6 Entgeltgestaltung durch steuerliche und sozialversicherungsrechtliche Besonderheiten

Es wurden im Rahmen des Betriebsrentenstärkungsgesetzes noch weitere Verbesserungen (z. B. bei der Riester-Rente) eingeführt und so beispielsweise die Grundzulage erhöht und die Doppelverbeitragung abgeschafft. Renten aus einer Riester-geförderten betrieblichen Altersversorgung über eine Pensionskasse, einen Pensionsfonds oder eine Direktversicherung stellen ab dem 01.01.2018 keine Versorgungsbezüge mehr dar.

Diese „betrieblichen Riester-Renten" werden damit in der Auszahlungsphase beitragsrechtlich den reinen privaten Riester-Renten gleichgestellt. Im Ergebnis wird damit erreicht, dass die betriebliche Riester-Rente entweder – z. B. bei versicherungspflichtigen Rentnern – gar nicht zu den beitragspflichtigen Einnahmen gehört oder – im Rahmen der freiwilligen Versicherung – nur mit dem ermäßigten Beitragssatz verbeitragt wird.

Sozialpartnermodell

Seit dem 01.01.2019 haben Gewerkschaften und Arbeitgeber die Möglichkeit, Betriebsrenten ohne die Haftung von Arbeitgebern zu vereinbaren. Als neue Zusageart wird die reine Beitragszusage eingeführt, die im Allgemeinen als Sozialpartnermodell bezeichnet wird. Dabei ist der Arbeitgeber nur noch zur Ermittlung und Abführung der zugesagten Beiträge verpflichtet („pay and forget"), das Erfüllungs- und Haftungsrisiko geht vollständig auf einen externen Versorgungsträger (Pensionskasse, Direktversicherung oder Pensionsfonds) über. Eine bestimmte Versorgungsleistung wird vom Arbeitgeber nicht zugesagt und darf auch vom Versorgungsträger nicht zugesagt werden.

Voraussetzung ist das Vorliegen eines entsprechenden Tarifvertrags. Nichttarifgebundene Arbeitgeber und Beschäftigte können vereinbaren, dass die einschlägigen Tarifverträge einer Branche auch für sie gelten sollen.

Verpflichtender Arbeitgeberzuschuss zur Entgeltumwandlung

Seit vielen Jahren haben Arbeitnehmer einen Rechtsanspruch auf Entgeltumwandlung, aber ohne tarifliche Zugehörigkeit und Vorgaben bestand kein Rechtsanspruch auf einen Zuschuss seitens des Arbeitgebers. Durch das Betriebsrentenstärkungsgesetz ist der Arbeitgeber ab 01.01.2019 für Neuzusagen verpflichtet, eine Entgeltumwandlung eines Arbeitnehmers zu Gunsten einer betrieblichen Altersvorsorge mit 15 % des umgewandelten Entgelts zusätzlich als Arbeitgeberzuschuss zu unterstützen. Der Zuschuss von 15 % ist dabei allerdings auf die Einsparung von Sozialversicherungsbeiträgen begrenzt.

Zudem muss die reine Beitragszusage durch Entgeltumwandlungen finanziert werden. Diese Verpflichtung des Arbeitgebers besteht nur bei Zahlungen an einen Pensionsfonds, eine Pensionskasse oder eine Direktversicherung, nicht jedoch, wenn die Entgeltumwandlung in der Direktzusage oder Unterstützungskasse erfolgt. Die auf dem gesetzlich verpflichtenden Arbeitgeberzuschuss zur Entgeltumwandlung beruhende Betriebsrentenanwartschaft ist sofort gesetzlich unverfallbar.

Soweit Entgeltansprüche auf einem Tarifvertrag beruhen, kann für diese eine Entgeltumwandlung nur vorgenommen werden, soweit dies durch den Tarifvertrag vorgesehen oder durch den Tarifvertrag zugelassen ist. In einem Tarifvertrag kann geregelt werden, dass der Arbeitgeber für alle Arbeitnehmer des Unternehmens eine automatische Entgeltumwandlung einführt. Der Arbeitnehmer hat hier jedoch ein Widerspruchsrecht (Optionssystem – sog. Opting Out).

Ermittlung AG-Zuschuss von 15 %

Doch wie setzt man diese 15 % Zuschuss nun um? Generell kann eine harte Abrechnung vorgenommen werden, die genau die Beiträge umwandelt, die noch bis zur Erreichung der Bemessungsgrenzen sozialversicherungsfrei verblieben. Diese Option ist aber sehr aufwendig und setzt in der Praxis einen umfangreichen Rechenvorgang in Gang. Darüber hinaus ist ein hoher Grad an Überwachung für diesen Ansatz nötig, wie folgendes Beispiel zeigt:

Ein Mitarbeiter hat ein Einkommen von 5.300 Euro pro Monat. Er bedient eine betriebliche Altersversorgung mit 150 Euro monatlich. Diese müsste nun mit 15 % bezuschusst werden.

Frage 1: Wie wird der Zuschuss überhaupt berechnet? Hier gibt es drei Varianten:

- 15 % **auf** 150 Euro: D. h. 22,50 Euro Arbeitgeber-Anteil werden zu den 150 Euro Entgeltumwandlung gezahlt, gesamt fließen also 172,50 Euro in die betriebliche Altersversorgung.

- 15 % **von** 150 Euro: D. h. 22,50 Euro Arbeitgeber-Anteil werden von den 150 Euro gezahlt, d. h. die Entgeltumwandlung reduziert sich dann auf 127,50 Euro.

- 15 % **in** 150 Euro: D. h. 130,43 Euro werden umgewandelt und 19,56 Euro werden als Arbeitgeberzuschuss erbracht.

Tatsächlich sind alle drei Ansätze zulässig und gesetzlich erlaubt. Um den Anforderungen der allgemeinen Gleichbehandlung gerecht zu werden, ist es aber durchaus sinnhaft und auch nötig, sich für einen Weg zu entscheiden und diesen dann auch allgemein anzuwenden.

Wichtiger in diesem Beispiel scheint die Einbeziehung der Deckelung durch die Einsparung von Sozialversicherungsbeiträgen des Arbeitgebers. In unserem Beispielfall wird in der Kranken- und Pflegeversicherung ja keine sozialversicherungsrechtliche Einsparung realisiert.

Frage 2: Wenn die Art der Zuschussberechnung geklärt ist, wie wird dieser dann gedeckelt, wenn die Beitragsbemessungsgrenze die Höchstgrenze darstellen soll? Ist hier die Beitragsbemessungsgrenze KV oder RV gemeint oder müsste man für beide Wege eine Berechnung durchführen? Und wie wird mit Sonderzahlungen verfahren?

Bis dato wurde hier interpretiert, man solle sich an der Prüflogik der privaten/gesetzlichen Krankenkassenzugehörigkeit festmachen. Dies bedeutet, wenn Sonderzahlungen regelmäßig zu erwarten sind, sind diese mit einzuberechnen. Sind sie es nicht, finden diese auch keine Berücksichtigung bei der Berechnung der Zuschüsse zur Entgeltumwandlung. Dieser Ansatz wäre aber stark zu Lasten des Arbeitnehmers, der dann ja Zuschüsse leisten würde, obwohl er keine Beitragseinsparungen daraus erfährt.

Es bleibt also spannend und abzuwarten, bis es hier klare Rechtsprechung zu diesen Fällen gibt. In der Praxis setzt sich allerdings auch eher der Trend um, dass die Zuschüsse abhängig von Hierarchieebenen in Unternehmen gewährt werden und nicht final abhängig vom Entgelt. Man wählt dabei Ebenen aus, die ohnehin oberhalb der Beitragsbemessungsgrenze sind, für welche man keine Zuschüsse mehr gewährt. Dabei werden dann aber auch viele Mitarbeiter einer Bezuschussung unterworfen, obwohl die Einsparung von Sozialversicherungsanteilen nicht gegeben ist. Die Einsparungen im Handling überwiegen aber den Aufwand durch die fehlenden Sozialversicherungsanteile in der Wahrnehmung der Unternehmen bei Weitem.

Übergangsregelung

Für bereits bestehende Entgeltumwandlungsvereinbarungen ist der Arbeitgeberzuschuss seit 01.01.2022 verpflichtend. Der Zuschuss ist tarifdispositiv, d. h. in Tarifverträgen kann nach § 19

Abs. 1 BetrAVG von § 1a BetrAVG abgewichen werden. Abweichende Regelungen bei nicht tarifgebundenen Arbeitgebern gelten weiterhin, sofern diese bereits bestanden haben, z. B. ein abweichender Prozentsatz des Arbeitgeberzuschusses.

Da das Gesetz nach wie vor die Kenntnis der bisherigen gesetzlichen Grundlagen mehr oder minder voraussetzt, wollen wir auch diesen jeweils kurze Kapitel widmen, die aber die vorher hier aufgezeigte Zusammenfassung zum Betriebsrentenstärkungsgesetz jeweils berücksichtigen.

6.1.5.3 „Altfälle" der betrieblichen Altersversorgung

Versicherungen, die bis 31.12.2004 abgeschlossen wurden, waren in der Regel als Direktversicherungen und Pensionskassen pauschaliert zu versteuern. Die Pauschalsteuer in Höhe von 20 % des Versicherungsbetrages war allerdings gemäß § 40b EStG an einen Höchstbeitrag von maximal 1.752 Euro gebunden, der nur für Gruppenverträge unter bestimmten Bedingungen auf 2.148 Euro jährlich ausgedehnt werden konnte. Dieser Ansatz findet auch im Rahmen des Betriebsrentenstärkungsgesetzes Anwendung.

Die Beitragszahlungen des Arbeitgebers, die zusätzlich zum Arbeitslohn geleistet werden und im Rahmen der Pauschalierungsgrenzen bleiben, bleiben beitragsfrei. Die pauschal besteuerten Beiträge des Arbeitnehmers sind bis zur steuerlichen Pauschalierungsgrenze ebenfalls beitragsfrei. Bei einer Finanzierung der Beiträge über eine Entgeltumwandlung darf sich die Entgeltumwandlung aber nicht auf das laufende Entgelt beziehen. Nur Einmalzahlungen werden in der Sozialversicherung beitragsfrei gestellt.

Diese „Altfälle" sind zukünftig aus Sicht der Gesetzgebung weniger kompliziert nachzuweisen, aus der Praktikersicht aber (wie erwähnt) auch weiterhin anhand von Verträgen zu prüfen. Die Freibeträge werden auf den Gesamtfreibetrag von 8 % der Beitragsbemessungsgrenze (also für 2023 für 7.008 Euro) steuerlich angerechnet und reduzieren diesen in der Anwendung entsprechend.

6.1.5.4 „Neufälle" der betrieblichen Altersversorgung

Bei Versicherungen, die regelmäßig ab 01.01.2005 abgeschlossen wurden, sprach man vor Start des Betriebsrentenstärkungsgesetzes von sog. „Neufällen", die also bis Ende 2017 mit bis zu 4 % der Beitragsbemessungsgrenze der Rentenversicherung West steuer- und sozialversicherungsfrei blieben. Zusätzlich waren weitere 1.800 Euro je Jahr steuerfrei, konnten aber sozialversicherungspflichtig genutzt werden. Ab 01.01.2018 konnten und können bis zu 8 % der Beitragsbemessungsgrenze und damit 87.600 Euro in 2023 = 7.008 Euro steuerfrei umgewandelt bzw. eingezahlt werden.

Für die Anwendung der Steuerfreiheit ist unerheblich, ob die Beitragszahlungen vom Arbeitgeber zusätzlich zum ohnehin geschuldeten Arbeitslohn erbracht oder ob diese im Rahmen der Entgeltumwandlung geleistet werden. Allerdings dürfen diese Steuerbefreiungsvorschriften immer nur beim ersten Dienstverhältnis angewendet werden. Bei Arbeitsverhältnissen, für die der Mitarbeiter die Lohnsteuerklasse VI anwenden lässt, muss eine individuelle Versteuerung der Beiträge erfolgen.

Diese Regelungen gelten für die Direktversicherung, die Pensionskasse und den Pensionsfonds und weichen nur in einem Sachverhalt beim Pensionsfonds ab: Steuerfreie Leistungen eines Arbeitgebers oder einer Unterstützungskasse an einen Pensionsfonds zur Übernahme bestehender Versorgungsverpflichtungen oder -anwartschaften sind in vollem Umfang beitragsfrei in der Sozialversicherung. Für die anderen Durchführungswege bleibt die Grenze bei 4 % der Beitragsbemessungsgrenze und damit 3.504 Euro bestehen.

6.1.5.5 Gesetzlicher Anspruch des Mitarbeiters

Grundsätzlich gilt zu beachten, dass jeder Mitarbeiter seit 01.01.2002 einen gesetzlichen Anspruch auf eine betriebliche Altersversorgung geltend machen kann. Allein dies führt dazu, dass sich jedes Unternehmen mit der betrieblichen Altersversorgung auseinandersetzen muss.

Der grundsätzliche gesetzliche Anspruch des einzelnen Mitarbeiters kann in der Praxis bedeuten, dass sich jeder Mitarbeiter in einem Unternehmen für eine andere Versicherung mit einem anderen Durchführungsweg entscheidet, da ein Mitarbeiter den Durchführungsweg der betrieblichen Altersversorgung und auch den Vertragspartner völlig frei wählen kann, wenn der Arbeitgeber dazu keine Vorgaben gemacht hat. Dies kann für den Arbeitgeber mit erheblichen Risiken verbunden sein, da beispielsweise bei Insolvenzen des Versicherungspartners sehr schnell der Arbeitgeber in die Haftung gerät. Darüber hinaus ist der daraus resultierende Verwaltungsaufwand für das Unternehmen erheblich.

Um diese Risiken zu reduzieren, ist die Verhandlung eines individuell abgestimmten Durchführungsweges im Unternehmen sinnvoll. Die Mitarbeiter können dieses Angebot bei Interesse nutzen und meist sogar noch von den günstigen Tarifen des Unternehmens partizipieren. Darüber hinaus ist für betriebliche Altersversorgungen oftmals der Gesundheits-Check minimierbar, was für viele Mitarbeiter eine große Erleichterung darstellt. Würde ein Mitarbeiter aufgrund eines Bandscheibenvorfalls z. B. nur schwerlich in bestimmte Vorsorgetarife gelangen, so ist dies im Rahmen der betrieblichen Altersvorsorge meist problemlos möglich.

In diesem Fall muss der Mitarbeiter allerdings den vorgegebenen Durchführungsweg akzeptieren. Für Mitarbeiter, die bereits aus vorherigen Anstellungsverhältnissen eine betriebliche Altersversorgung mitbringen, bieten sich hier die Möglichkeiten der Übertragung des Deckungskapitals von deren Versicherungen. Für diesbezügliche Entscheidungen, die auch Einflüsse auf die bisherige Garantieverzinsung der Kollegen haben werden, sollte man sich aber fachkundige Unterstützung an die Hand holen. Sie merken schon, wir driften hier ab in den Versicherungsjargon, der besser mit einem dafür geschulten Berater besprochen werden sollte.

Das neue Betriebsrentenstärkungsgesetz schafft seit 2019 Wege, diese Haftungen für den Arbeitgeber zu reduzieren. In der Praxis machen allerdings sehr viele Arbeitgeber doch Zusagen auch zu Versicherungsverträgen außerhalb der eigenen Rahmenverträge, da man – wenn man einen guten Bewerber gefunden hat – diesen nicht vor den Kopf stoßen möchte, indem man seine bisher bestehende Altersversorgung nicht übernimmt.

6.1.5.6 Betriebliche Altersversorgung und Kurzarbeit

Während der Zeiten der Corona-Pandemie war diese Thematik von vorrangiger Bedeutung, hat nun zum Glück ein wenig an Wichtigkeit verloren. Nach wie vor kursieren am bAV-Markt aber unterschiedliche Berechnungen bzgl. des Kurzarbeitergeldes. Soll eine bAV sich bei der Kurzarbeit auswirken oder nicht? Die Versicherer sind sich hier uneinig.

Die BA hat in ihren fachlichen Anweisungen festgelegt, dass die bAV nicht als Arbeitsentgelt gilt, was auch richtig sein dürfte, siehe Seite 77 der fachlichen Weisungen zum Kurzarbeitergeld:

(2) Künftige Entgeltansprüche können in eine wertgleiche Anwartschaft auf Versorgungsleistungen umgewandelt werden (**Entgeltumwandlung** i.S.d. § 1 Abs. 2 Nr. 3 Betriebsrentengesetz). Die für die Entgeltumwandlung in den Durchführungswegen Direktzusage und Unterstützungskasse sowie Pensionskasse, Pensionsfonds und Direktversicherung verwendeten Entgeltbestandteile sind bis zu einem Betrag in Höhe von 4 v. H. der jährlichen Beitragsbemessungsgrenze (West) der Rentenversicherung der Arbeiter und Angestellten (Beispiel: 2018: 3.120 Euro; mtl. 260 Euro) kein Arbeitsentgelt (§ 1 Abs. 1 Nr. 9 SvEV). Diese Entgeltbestandteile sind somit weder im Soll- noch im Ist-Entgelt zu berücksichtigen.

Entgeltumwandlung (106.3)

Fraglich ist aber, wie dies zu interpretieren ist. Unserer Meinung nach dürfte die bAV dann gar nicht angesetzt werden. KUG müsste also aus dem ungekürzten Brutto gerechnet werden. Hierzu gibt es aber (wie schon erwähnt) keine finale Einigung über die Handhabung. Daher verweisen wir auf die Abstimmung mit der jeweils rechtlich zuständigen Agentur für Arbeit, um Fehler bei der Kurzarbeit zu vermeiden.

6.1.6 Betriebssport

Verfügen Sie als Arbeitgeber über eigene Betriebssportanlagen wie beispielsweise einen Fitnessraum, so steht die Nutzung durch die Mitarbeiter im überwiegenden betrieblichen Interesse und ist damit lohnsteuer- und sozialversicherungsfrei.

Häufiger wird man als Arbeitgeber aber eher Hallen anmieten und den Mitarbeitern z. B. für Squash, Badminton oder dergleichen zur Verfügung stellen. Hier zeigen sich dann einige Kuriositäten des Steuerrechts: Die Bereitstellung von Fußball- oder Handballsportplätzen ist z. B. nach geltender BFH-Rechtsprechung kein geldwerter Vorteil, wohl aber die Bereitstellung von Tennis- oder Golfplätzen. Der Gedanke des Mannschaftssports steht hier im Vordergrund.

Oftmals wird unter dem Begriff Betriebssport auch die Mitgliedschaft in einem externen Fitnessstudio angeboten. Hier ist eine genaue Betrachtung der Gestaltung wichtig: Werden Sie als Arbeitgeber Vertragspartner des Fitnessstudios und haben mit diesem einen Rahmenvertrag, kann also der Mitarbeiter nur über Sie vergünstigt Mitglied im Fitnessclub oder -verein werden, so handelt es sich um einen echten Sachbezug, der versteuert werden muss oder aber im Rahmen der 50-Euro-Freigrenzen gewährt werden kann.

Weitere Hürde ist dabei, dass die Fitnessstudios die Rechnungen nicht direkt an den Arbeitgeber ausstellen, sondern die Verträge mit den Arbeitnehmern abschließen. Zahlt der Arbeitgeber dem Mitarbeiter einen Zuschuss, würde die Option des Sachbezugs entfallen. Dieser kann nur Anwendung finden, wenn der Arbeitgeber die Rechnung erhält und bezahlt.

Wird ein Zuschuss – selbst unter Zweckbindung – an den Arbeitnehmer gezahlt, den der Mitarbeiter für die Zahlung des Fitnessstudios nutzt, erhält der Mitarbeiter hier also Geld ausgezahlt, wird diese Barauszahlung nicht mehr als Sachbezug anerkannt.

Finale Herausforderung bei einer Firmenfitnessmitgliedschaft: Erhält der Arbeitnehmer einen Mitgliedsausweis, der zur Nutzung der teilnehmenden Einrichtungen für einen bestimmten Zeitraum (z. B. ein Jahr) berechtigt, fließt dem Arbeitnehmer der geldwerte Vorteil für den gesamten Zeitraum im Zeitpunkt der Überlassung des Mitgliedsausweises zu. Die Anwendung der 50-Euro-Freigrenze für Sachbezüge wäre in dieser Konstellation dann nicht erlaubt. Entscheidend ist hier meist die Frage, ob der Sachbezug monatlich oder für einen längeren Zeitraum (z. B. ein Jahr) zufließt, was davon abhängt, ob die Dauer der Mitgliedschaft tatsächlich einen Monat beträgt und sich jeweils um einen Monat verlängert, wenn der Arbeitnehmer nicht widerspricht bzw. kündigt, oder ob der Vertrag auf ein Jahr Laufzeit oder länger abgeschlossen wurde.

Oftmals wird versucht, Betriebssport als Maßnahme der Gesundheitsförderung steuerfrei anzubieten. Da Fitnessstudios aber meist nicht nur den klassischen Präventionsgedanken der Krankenkassen verfolgen, wird dies wohl nur selten möglich sein. Weitere Details dazu ersehen Sie im Kapitel „Gesundheitsförderung".

6.1.7 Betriebsveranstaltungen

Betriebsveranstaltungen sind im steuerlichen Sinn durch verschiedene Anforderungen charakterisiert: Sie finden auf betrieblicher Ebene statt, haben gesellschaftlichen (also keinen beruflichen) Charakter und die Teilnahme **muss** allen Betriebsangehörigen ermöglicht werden. Ohne Bedeutung ist allerdings, ob Arbeitgeber und/oder Betriebs-/Personalrat einladen und ob die Veranstaltung auf einzelne Abteilungen begrenzt ist, da oftmals Unternehmen ja auch je Abteilung eine Weihnachtsfeier veranstalten. Hier ist dann die entscheidende Grundlage, dass alle Mitarbeiter einer Abteilung zu der Betriebsveranstaltung geladen werden.

Betriebsausflüge, Jubilarfeiern und Weihnachtsfeiern sind dabei in den LStR ausdrücklich als Betriebsveranstaltungen benannt (R 19.5 LStR i. V. m. H 19.5 LStH).

Entscheidend für die steuerliche Beurteilung von Betriebsveranstaltungen ist neben der bereits erwähnten Ausgestaltung die Häufigkeit der Durchführung je Jahr. Bis zu jeweils zwei Betriebsfeste, Rentner- und Jubilarfeiern jährlich sind bis zu einem Betrag von 110 Euro je Mitarbeiter steuerfrei durchführbar und verbleiben auch sozialversicherungsfrei. Dabei ist eine mehrmalige Teilnahme in Erfüllung beruflicher Aufgaben – z. B. für Personalleiter oder den Betriebsrat – unschädlich.

Sollten mehr als zwei Veranstaltungen jährlich stattfinden, kann der Arbeitgeber entscheiden, für welche er die Freibeträge nutzt und für welche er eine Versteuerung ansetzt. Dabei ist auch die Möglichkeit der individuellen Versteuerung je Arbeitnehmer denkbar, aber die Nutzung der Pauschalsteuer mit 25 % und folglich Sozialversicherungsfreiheit ist sicherlich die präferierte Variante.

Basis für die Versteuerung bzw. die Ermittlung der Kosten einer Betriebsveranstaltung sind alle damit verbundenen Auslagen. Insbesondere einzubeziehen sind dabei

- Speisen und Getränke,
- Übernachtungs- und Fahrtkosten,
- Eintrittskarten, wenn Besuch nicht einziger Programmpunkt der Betriebsveranstaltung ist,
- Aufwendungen für Künstler/Bands,
- Überreichung von Geschenken (z. B. Nikolaustüte bei Weihnachtsfeiern).

Die Aufwendungen des Arbeitgebers durften bis 31.12.2014 110 Euro inkl. Umsatzsteuer pro teilnehmenden Mitarbeiter nicht überschreiten. Bei der 110 Euro-Grenze handelte es sich also um eine Freigrenze, nicht um einen Freibetrag.

Zum 01.01.2015 wandelte sich die **Freigrenze** von 110 Euro in einen **Freibetrag** von 110 Euro. In diesen sind alle Positionen inkl. Eventagenturen, Saalmieten brutto einzuberechnen.

Lediglich bei den Fahrtkosten ist eine genauere Betrachtung sinnvoll. Fahrtkosten, die in direktem Zusammenhang mit der Veranstaltung stehen, also für einen Bus benötigt werden, der alle Mitarbeiter zu einem Veranstaltungsort transportiert, sind in die Ermittlung der Gesamtkosten einzubeziehen. Reisekosten von Mitarbeitern von anderen Standorten, die einzeln zum Veranstaltungsort anreisen, sind als „normale" Reisekosten steuer- und sozialversicherungsfrei erstattungsfähig.

Begleitpersonen und „fremde Dritte"

Dem teilnehmenden Arbeitnehmer werden auch die Kosten für eine evtl. teilnehmende Begleitperson zugerechnet.

Als Lösungsalternativen bei der Versteuerung der Beträge, die 110 Euro bei zwei Veranstaltungen überschreiten, ergeben sich folgende Ansätze:

1. Nutzung der Pauschalversteuerung mit 25 %.
2. Ansatz des Gesamtbetrages im Rahmen einer Nettolohnhochrechnung.
3. Durchführung eines Nettolohnabzuges entsprechend dem übersteigenden Betrag.

Insbesondere der letztgenannte Weg kann sinnvoll sein, wenn die 110 Euro-Grenze nur sehr knapp überschritten wird.

Beispiel: Eine Betriebsveranstaltung kostet pro Person 113,05 Euro. Damit ist die 110 Euro-Grenze überschritten, sodass der übersteigende Betrag in der Regel mit 25 % pauschaliert werden würde. Denkbar wäre auch, den übersteigenden Betrag von 3,05 Euro von den Mitarbeitern einzubehalten. Es wirkt aber doch etwas unschön, die Kollegen zu einem Vergnügen einzuladen und ihnen dafür dann im Anschluss Kosten in Rechnung zu stellen.

Praxistipp

Lohnsteuer und Umsatzsteuer fallen hier auseinander. Sind die 110 Euro in der Lohnsteuer frei, sind sie in der Umsatzsteuer trotzdem zu berücksichtigen.

6 Entgeltgestaltung durch steuerliche und sozialversicherungsrechtliche Besonderheiten

Grundsätzlich können auch „fremde Dritte", beispielsweise Geschäftspartner, zu einer Betriebsveranstaltung geladen werden. Die Ermittlung der zu versteuernden Ansätze werden dann aufwendiger, sind aber trotzdem möglich.

Zunächst müssen die Teilnehmerlisten um die zusätzlichen Gäste ergänzt und die Gesamtaufwendungen nach Köpfen aufgeteilt werden. Der auf die Arbeitnehmer und ggf. deren Begleitpersonen entfallende Kostenanteil kann im Rahmen des 110 Euro-Freibetrags wie beschrieben steuerfrei bleiben.

Die anteiligen Aufwendungen, die Gästen wie beispielsweise Geschäftsfreunden, Kunden oder Lieferanten zuzurechnen sind, sind für diese eine Betriebseinnahme und können vom einladenden Unternehmen pauschal mit 30 % versteuert werden.

Eine Besonderheit gibt es bei eintägigen Veranstaltungen ohne Übernachtung: hier werden die Bewirtungskosten steuerlich als Aufwendungen für eine geschäftliche Bewirtung betrachtet. Der Vorteil aus einer geschäftlichen Bewirtung stellt keine Betriebseinnahme dar. Die für Gäste bei eintägigen Betriebsveranstaltungen entstehenden steuerfreien Bewirtungskosten müssen daher aus der Bemessungsgrundlage für die Bewertung der Betriebsveranstaltung herausgerechnet werden. Dasselbe gilt für die übrigen auf die teilnehmenden Dritten entfallenden Kosten mit Incentivecharakter, beispielsweise für das Unterhaltungsprogramm, für die die Möglichkeit der Pauschalbesteuerung mit 30 % nach § 37b Abs. 1 EStG besteht.

Wenn also eine Veranstaltung ohne Übernachtung durchgeführt wird, dann sind für die Besteuerung der Gesamtkosten bei Beteiligung von „fremden Dritten" folgende Schritte notwendig:

1. Die Aufwendungen für die Mitarbeiter und die externen Teilnehmer sind getrennt zu ermitteln.

2. Bei den externen Personen ist zwischen den Kosten für die geschäftliche Bewirtung und den übrigen Kosten für das Programm und ggf. Geschenke zu unterscheiden.

Die auf die Mitarbeiter entfallenden Aufwendungen folgen den für Betriebsveranstaltungen geltenden lohnsteuerlichen Regeln in Bezug auf den 110 Euro-Freibetrag und die dargestellten Möglichkeiten der Besteuerung des überschreitenden Betrags. Die anteiligen Kosten für die Geschäftsfreunde werden (wie erläutert) um den Aufwand für die steuerfreie geschäftliche Bewirtung gekürzt. Hierzu gehören beispielsweise Kosten für Catering und Service.

Zu den sozialversicherungsrechtlichen Besonderheiten der Betriebsveranstaltungen haben wir bereits Stellung genommen. Noch einmal als Reminder: Die Pauschalierung der Lohnsteuer muss bis zum 28./29. Februar des Folgejahres erfolgen, andernfalls entsteht für die Beträge Sozialversicherungspflicht.

6.1.8 Computer

Als Arbeitgeber können Sie Ihrem Mitarbeiter leihweise für die Arbeit zu Hause einen Computer oder ein Notebook überlassen. Da für die Steuerfreiheit nicht entscheidend ist, in welchem Umfang die private Nutzung erfolgt, ist auch eine hundertprozentige Privatnutzung steuerfrei denkbar.

Für Führungskräfte oder kaufmännische Angestellte mag die Zurverfügungstellung von EDV-Equipment mittlerweile gängige Praxis sein. Stellen Sie sich aber vor, dass diese Option auch Lageristen, Verkäufern auf der Fläche oder Produktionsmitarbeitern angeboten werden. Selbstverständlich kann dies kostenlos geschehen. Oftmals bedient man sich aber sog. „Mitarbeiter-PC-Programme".

Was ist ein „Mitarbeiter-PC-Programm"? In einem solchen least der Arbeitgeber Computer, Laptops oder Tablets als betriebliche Geräte und stellt diese für den privaten Gebrauch seinen Mitarbeitern zur Verfügung. Im Gegenzug verzichten die Mitarbeiter auf einen Teil des Bruttogehalts in der Höhe der jeweiligen Leasing-Rate. Auf diese Weise gestaltet sich das Mitarbeiter-PC-Programm weitestgehend kostenneutral für den Arbeitgeber. Der administrative Aufwand bleibt natürlich bestehen.

Der Verzicht auf einen Teil des Bruttogehalts führt aufgrund der Option zu einer Entgeltumwandlung zu einem geringeren zu versteuernden Bruttogehalt. Der Mitarbeiter bezahlt also die Leasingrate aus seinem Bruttogehalt und bekommt diese nicht beim Netto abgezogen. Der Mitarbeiter spart sich für den Anteil der Umwandlung Lohnsteuer, ggf. Solidaritätsbeitrag und eventuell auch Kirchensteuer. Der individuelle Steuervorteil hängt von der Höhe des jeweiligen Grenzsteuersatzes des Mitarbeiters ab und kann bis zu 45 % betragen.

In der Praxis könnte dies wie folgt aussehen: Ihr Mitarbeiter hat bis dato einen Monatslohn von 2.500 Euro brutto und wandelt für die Anschaffung seines neuen Mini-PCs mit zusätzlichem Flatscreen 100 Euro brutto monatlich um. Dann reduziert sich das zu versteuernde und zu verbeitragende Brutto auf 2.400 Euro.

In diesem Zusammenhang regelt die Vorschrift des § 3 Nr. 45 EStG, dass die private Nutzung von betrieblichen Personalcomputern und Telekommunikationsgeräten steuerfrei ist. Diese Steuerbefreiung gilt nicht nur für die private Nutzung der Geräte im Unternehmen, sondern auch bei ausschließlich häuslicher Privatnutzung durch den Arbeitnehmer. Sie umfasst auch die Nutzung von Zubehör und Software und betrifft die Nutzungsüberlassung durch den Arbeitgeber selbst oder durch einen Dritten aufgrund des Dienstverhältnisses.

Es war bis dato nicht Voraussetzung, dass die Überlassung zusätzlich zum ohnehin geschuldeten Arbeitslohn erfolgt, wie bei anderen Ansätzen. Diese entsteht auch nicht durch das BMF-Schreiben vom 05.02.2020 oder durch das Jahressteuergesetz 2020/2021. Die Anforderung der Zusätzlichkeit ist bei dieser Form der Entgeltgestaltung nicht gegeben.

Der Mitarbeiter partizipiert also an den günstigen Preisen durch die entsprechenden Einkaufskonditionen des Unternehmens, spart wie erwähnt Steuern, nutzt eine Art Ratenzahlung zum Erwerb der Gegenstände und wird im Gegenzug damit an das jeweilige Unternehmen gebunden.

> **Praxistipp**
>
> Wichtig zu regeln ist, wie mit dem Equipment zu verfahren ist, wenn ein Mitarbeiter das Unternehmen verlässt bzw. die Gegenstände nach Ablauf der Leasinglaufzeit übereignet werden. Die Übereignung von Gegenständen an Arbeitnehmer führt dann entsprechend zu einem geldwerten Vorteil.

Meist beläuft sich die Leasingdauer auf 24 Monate. An deren Ende erwirbt ein Partner die Produkte von der Leasinggesellschaft zurück und bietet sie dem bisherigen Nutzer zum Kauf an. Hier ist dann noch einmal zu prüfen, ob eine Versteuerung in Abhängigkeit vom zu zahlenden Kaufpreis nötig ist, da hier ein geldwerter Vorteil entstehen kann, wenn der Mitarbeiter das Produkt unter Marktwert kauft.

6.1.9 Darlehen

Unter einem Arbeitgeberdarlehen versteht man die Überlassung von Geld durch den Arbeitgeber an einen Mitarbeiter. Wichtig dafür ist die klare Ausgestaltung eines Darlehensvertrags, der die Rahmenbedingungen des Darlehens regelt, insbesondere die Verzinsung und die Rückzahlung.

Grundsätzlich sind Darlehen bis zu einem Betrag von 2.600 Euro steuer- und sozialversicherungsfrei denkbar. Die Freigrenze ist überschritten, wenn die Summe der noch nicht getilgten Darlehen am Ende des Lohnzahlungszeitraums 2.600 Euro übersteigt. Mehrere vom Arbeitgeber getrennt gewährte Darlehen sind unabhängig vom Verwendungszweck bei der Prüfung der Freigrenze zusammenzurechnen.

Für die Ermittlung des geldwerten Vorteils aus einem Arbeitgeberdarlehen ist zwischen der Bewertung mit dem um übliche Preisnachlässe geminderten üblichen Endpreis am Abgabeort (§ 8 Abs. 2 EStG) und der Anwendung der Rabattfreibetragsregelung (§ 8 Abs. 3 EStG) zu unterscheiden.

Die Details zur steuerlichen Behandlung von Arbeitgeberdarlehen finden sich in einem separaten BMF-Schreiben vom 19.05.2015.

Bei Überweisung der Darlehenssumme an den Arbeitnehmer fließt diesem kein Arbeitslohn zu. Der Lohnsteuerabzug ist aber aus den Zinsersparnissen zu ermitteln.

Zinsersparnisse aus einem Darlehen, welches der Arbeitgeber dem Mitarbeiter zu günstigeren Konditionen als am Markt üblich gewährt, stellen einen Sachbezug dar. Beim Arbeitnehmer entstünde kein steuerpflichtiger Zinsvorteil, wenn der Arbeitgeber ihm ein Darlehen zu einem marktüblichen Zinssatz (sog. Maßstabszinssatz) gewähren würde.

6 Entgeltgestaltung durch steuerliche und sozialversicherungsrechtliche Besonderheiten

Vorsicht ist geboten, wenn der Arbeitnehmer das Darlehen bei einer Bank oder einem Dritten aufnimmt und der Arbeitgeber die marktüblichen Zinsen teilweise oder ganz übernimmt, also den Zinszuschuss bezahlen würde. In dieser Konstellation sprächen wir von Barlohn und die Differenzierung zwischen Bar- bzw. Sachlohn wiederrum nimmt Einfluss auf die Anwendung der 50-Euro-Sachbezugsfreigrenze.

Um den Vorteil des Mitarbeiters zu ermitteln, muss zunächst der marktübliche Zins ermittelt werden, wofür es drei Möglichkeiten der Ermittlung gibt:

- Ermittlung des marktüblichen Zinssatzes anhand nachgewiesener günstiger Marktkonditionen für Darlehen mit vergleichbaren Bedingungen am Abgabeort (abzgl. 4 % Bewertungsabschlag)
- Einbeziehung allgemein zugänglicher Internetangebote (z. B. von Direktbanken) ohne Bewertungsabschlag
- Verwendung des von der Deutschen Bundesbank veröffentlichten Effektivzinssatzes des entsprechenden Erhebungszeitraums (abzgl. 4 % Bewertungsabschlag).

Für Darlehen mit Vertragsabschluss ab 2003 gilt die MFI-Zinsstatistik. Maßgebend sind die Effektivzinssätze unter „Neugeschäft", wobei zwischen den einzelnen Kreditarten (z. B. Wohnungsbaukredit, Konsumentenkredit) zu unterscheiden ist. Für Dezember 2022 ist der zuletzt veröffentlichte Zinssatz für Konsumentenkredite der Deutschen Bundesbank vom Oktober 2022 mit 5,28 % heranzuziehen. Nach Abzug des Bewertungsabschlags von 4 % (= 0,21 %) ergibt sich ein Maßstabzinssatz von 5,07 %.

Die Zahlungsweise der Zinsen (z. B. ob monatlich oder jährlich) ist für die Ermittlung des geldwerten Vorteils unerheblich.

6 Entgeltgestaltung durch steuerliche und sozialversicherungsrechtliche Besonderheiten

Beispiel: Frau Frohsinn erhält für den Erwerb von Möbeln für ihre Wohnung einen Kredit von 5.000 Euro zu einem Zinssatz von 2 % von ihrem Arbeitgeber. Beide Parteien schließen diesbezüglich einen ordnungsgemäßen Darlehensvertrag, in dem die Verzinsung und die Rückzahlung in monatlichen Raten von 100 Euro geregelt sind.

Der ermittelte Zinssatz der Deutschen Bundesbank beträgt 5,28 %. Der Abschlag von 4 % wird dann wie folgt berechnet: 5,28 % x 0,96 = 5,07 % (kfm. gerundet). **Falsch** wäre der folgende Ansatz: 5,28 % - 4 % = 1,28 %, der sich aber leider immer wieder in verschiedenen Lohnunterlagen findet.

Die Berechnung des geldwerten Vorteils für Frau Frohsinn lautet dann wie folgt: 5,07 % (marktüblicher Zins reduziert um den ortsüblichen Abschlag) abzgl. 2 % (berechneter Zins vom Arbeitgeber) = 3,07 %.

3,07 % von 5.000 Euro : 12 Monate = 12,79 Euro, die als monatlicher geldwerter Vorteil zu versteuern wären.

Da aber auch bei der Gewährung von Darlehen die 50-Euro-Freigrenze anwendbar ist, wenn sie nicht bereits für andere Sachbezüge „verbraucht" ist, und 12,79 Euro < 50 Euro sind, könnte das Darlehen steuerfrei gewährt werden. Auf die 50 Euro-Freigrenze an sich gehen wir noch näher ein. Ebenfalls kann die Anwendung des 1.080 Euro-Rabatt-Freibetrages in bestimmten Branchen, z. B. dem Bankgewerbe, in Betracht kommen.

> **Praxistipp**
>
> Verzichtet der Arbeitgeber ganz oder teilweise auf die Rückzahlung eines Darlehens, fließt dem Arbeitnehmer im selben Zeitpunkt Arbeitslohn in Höhe des Verzichtbetrages zu, der dann ebenfalls wieder versteuert und verbeitragt werden muss. Eine sorgfältige Handhabung der Details ist hier also sehr wichtig.

Immer wieder kommt es zu Diskussionen, ob ein Vorschuss als Arbeitgeberdarlehen gilt.

Geregelt wurde, dass Vorschüsse auf Reisekosten, als Vorschuss gezahlter Auslagenersatz sowie Lohnabschlagszahlungen und Gehaltsvorschüsse, wenn lediglich von den ursprünglich vereinbarten Bedingungen für die Zahlung des Arbeitslohns abgewichen und kein Darlehensvertrag abgeschlossen wird, nicht als Darlehen gelten.

Allerdings stellen Gehaltsvorschüsse im öffentlichen Dienst, die nach den Vorschussrichtlinien des Bundes oder der entsprechenden Richtlinien der Länder gewährt werden, Arbeitgeberdarlehen dar. Generell scheint es sinnvoll, bei Vorschüssen über 2.600 Euro ebenfalls über eine Darlehensgewährung nachzudenken, um den rechtlichen Vorgang abzusichern.

6.1.10 Dienstleistungen und Waren

6.1.10.1 Sachbezugsfreigrenze von 50 Euro

Prinzipiell kann ein Unternehmen seinem Mitarbeiter Waren oder Dienstleistungen, also Sachbezüge, bis zu einem Wert von 50 Euro **monatlich** steuer- und sozialversicherungsfrei zur Verfügung stellen. Durch das Jahressteuergesetz 2020/2021 wurde ab dem 01.01.2022 die monatliche Freigrenze für Sachbezüge von 44 Euro auf 50 Euro nach § 8 Abs. 2 Satz 11 EStG angehoben.

Bei der Bewertung der Waren und Dienstleistungen spricht man in der Fachliteratur häufig vom „üblichen Endpreis am Abgabeort" und umfasst dabei zum Zeitpunkt der Abgabe der Ware oder der Dienstleistung alle Preisbestandteile einschließlich der Umsatzsteuer, die für den Erwerb des Sachbezugs nötig waren. Wurden Sachbezüge von anderen Unternehmen kostenfrei überlassen, so sind auch diese mit dem ortsüblichen Preis zu bewerten.

Der ortsübliche Preis ist allerdings im Zeitalter des Internets nicht mehr so einfach darstellbar. Daher gilt folgende Regelung: Wird ein Sachbezug in einem Ladengeschäft direkt vor Ort erworben, darf hier die Bewertung um einen ortsüblichen Preisnachlass reduziert werden. Da in der Praxis oftmals Preisnachlässe gewährt werden, dürfen diese standardisiert pauschal mit 4 % bewertet werden. Wird ein Sachbezug allerdings zum jeweils günstigsten Preis im Internet erworben, so ist dieser ohne einen weiteren Abzug anzusetzen, da davon auszugehen ist, dass sich ortübliche Abschläge durch den Vergleich im Netz bereits verloren haben.

Die so ermittelten Sachbezüge bleiben steuer- und sozialversicherungsfrei, wenn sie einen Betrag von monatlich 50 Euro pro Mitarbeiter nicht überschreiten.

Beispiel 1: Überlässt ein Arbeitgeber seinem Mitarbeiter ein kostenfreies Kino-Abo, dessen Preis sich laut Preisliste des Schauspielhauses auf monatlich 51 Euro beläuft, berechnet sich der gewährte Sachbezug hier wie folgt: 51 Euro abzgl. des gewöhnlichen Preisabschlages von 4 % = 48,96 Euro.

Die Freigrenze von 50 Euro monatlich wird nicht überschritten, sodass kein geldwerter Vorteil entsteht und somit das Kino-Abo steuerfrei gewährt werden kann.

Beispiel 2: Wir setzen dabei auf Beispiel 1 auf, jedoch beläuft sich der Preis für das Kino-Abo diesmal auf monatlich 53 Euro.

Der Sachbezug ermittelt sich wie folgt: 53 Euro abzüglich 4 % gewöhnlicher Preisabschlag = 50,88 Euro.

Damit wird die Freigrenze von 50 Euro monatlich überschritten. Der gesamte Betrag von 50,88 Euro ist damit zu versteuern.

Häufig wird angedacht, nur den die Freigrenze übersteigenden Betrag von 0,88 Euro der Versteuerung zu unterwerfen. Dies wäre aber definitiv falsch, da es sich bei der 50 Euro-Regelung um eine Frei**grenze** und **nicht** um einen Frei**betrag** handelt.

Praxistipp

Bei der Freigrenze handelt es sich um einen Monatsbetrag. Eine Umrechnung in einen Jahresbetrag ist **nicht** zulässig. Nicht ausgeschöpfte Beträge können **nicht** auf andere Monate „übertragen" werden.

Beispiel 3: Wir setzen auf Beispiel 2 auf, jedoch werden in den Monaten Juli und August wegen der Sommerspielpause keine Zahlungen fällig.

In den Monaten Juli und August kann zwar mit der Versteuerung des geldwerten Vorteils ausgesetzt werden, jedoch bleibt es in den übrigen Monaten bei der Versteuerung der 50,88 Euro.

Der Rechenweg 50,88 Euro x 10 : 12 = 42,40 Euro und damit die Unterschreitung der 50 Euro-Freigrenze ist **nicht** zulässig.

Praxistipp

Vom Arbeitnehmer geleistete Zuzahlungen mindern den geldwerten Vorteil bzw. den Wert des Sachbezugs.

Beispiel 4: Wir setzen auf Beispiel 2 auf. Die beteiligten Arbeitnehmer erhalten aber mit jeder Gehaltsabrechnung 0,88 Euro Eigenanteil an dem Kino-Abo von den Nettobezügen einbehalten.

Der Wert des Sachbezuges ermittelt sich damit wie folgt:

53 Euro abzgl. 4 % gewöhnlicher Preisabschlag	= 50,88 Euro.
abzgl. Eigenbeteiligung	0,88 Euro
	50,00 Euro

Die Freigrenze von monatlich 50 Euro wird nicht überschritten und das Kino-Abo bleibt damit steuer- und sozialversicherungsfrei.

Allerdings müssen bei der Prüfung der Einhaltung der 50 Euro-Freigrenze alle gewährten Bestandteile in Summe zusammengefasst werden. Mehrere nach dieser Methode zu bewertende Sachbezüge sind also zu addieren. Um alle Bestandteile zu erkennen, ist es wichtig, eine stetige Abstimmung mit der Finanzbuchhaltung vorzunehmen, die neben den Kassenbuchungen meist auch alle sonstigen Rechnungen sowie eventuell über die Reisekosten eingehenden Belege sieht. Allzu leicht kann sonst ein Sachverhalt übersehen werden.

Beispiel 5: Wie Beispiel 1, jedoch überlässt das Unternehmen allen Mitarbeitern monatlich ebenfalls über die Personalabteilung ein Nahverkehrsticket im Wert von 40 Euro.

nur Nahverkehrsticket:

zu versteuernder Anteil: 0,00 Euro

nur Kino-Abo:

zu versteuernder Anteil: 0,00 Euro

Nahverkehrsticket und Kino-Abo:

zu versteuernder Anteil: 87,36 Euro

(51 Euro abzgl. 4 % Abschlag + 40 Euro abzgl. 4 % Abschlag) = 48,96 Euro + 38,40 Euro.

> **Praxistipp**
>
> **Nicht** in die 50 Euro-Freigrenze einbezogen werden Sachbezüge, die
>
> - pauschalversteuert werden,
> - mit Sachbezugswerten bewertet werden,
> - mit besonderen Bewertungsvorschriften bewertet werden,
> - unter den Rabattfreibetrag (1.080 Euro p. a.) fallen.

Wenn Sie also prüfen, ob das Nahverkehrsticket den Anforderungen eines Fahrtkostenzuschusses entspricht, können Sie dieses eventuell mit 15 % pauschal versteuern oder aber im Rahmen des Job-Tickets sogar steuerfrei überlassen und das Kino-Abonnement im Rahmen der 50 Euro-Freigrenze gewähren.

Oftmals erreichen uns Fragen nach einer sog. „Positiv-Liste" der 50 Euro-Regelung, also die Frage, ob man die 50 Euro-Freigrenze auf andere Sachverhalte in Kombination mit einsetzen darf. Generell gilt, dass diese grundsätzlich als eigenes Gesetz neben den anderen Steuerbefreiungsvorschriften besteht. Wie in Beispiel 5 aufgezeigt, kann man die 50 Euro-Freigrenze für verschiedene Sachverhalte anwenden, wenn diese einen Sachbezug unterhalb eines Wertes von 50 Euro umfassen. Wenn es für diese Sachverhalte aber eigene Steuerbefreiungsvorschriften gibt, ist es natürlich sinnvoll, zunächst auf diese aufzusetzen und die 50 Euro-Freigrenze für andere Situationen „aufzusparen". Ein Kindergartenzuschuss z. B. ist steuerfrei unter bestimmten Bedingungen, der „Verbrauch" der 50 Euro-Freigrenze für einen solchen scheint nicht sinnhaft.

Schwieriger wird es bei der Kombination von Gesetzesgrundlagen. Hier ist es in der Regel nicht denkbar, allgemeingültige Aussagen ohne genau Kenntnis eines Sachverhaltes zu machen. Daher verzichten wir auch weiterhin auf eine sog. Positiv-Liste. Wenn Dinge eindeutig geregelt sind, dann finden Sie dazu Erläuterungen im jeweiligen Kapitel.

6.1.10.2 Warengutscheine

Warengutscheine, die bei einem Dritten einzulösen sind, stellen nur dann einen Sachbezug dar, wenn der Warengutschein zum Bezug einer bestimmten Ware/Dienstleistung berechtigt. Der Gutschein kann dabei in Euro ausgestellt sein. Der Wert des Warengutscheins bleibt auch hier steuer- und beitragsfrei, wenn der Mitarbeiter generell die 50 Euro-Freigrenze noch nicht mit anderen Sachbezügen ausschöpft.

Wichtig!

Die Möglichkeit der Ausstellung von Gutscheinen auf eigenem Papier mit Firmenlogo, die den Mitarbeiter berechtigen, sich dafür etwas im Wert von 50 Euro zu kaufen oder auch im Wert von 50 Euro zu tanken, dann den Beleg im Unternehmen vorzulegen und diesen abzurechnen, ist **nicht** mehr gegeben.

6 Entgeltgestaltung durch steuerliche und sozialversicherungsrechtliche Besonderheiten

Die 50 Euro-Regelung darf nur für Sachbezüge in Anwendung gebracht werden. Eine Zweckbindung eines Geldbetrages oder dergleichen reicht definitiv nicht aus, sondern wird als Kostenerstattung angesehen und fällt damit nicht unter die Sachbezugsregelung.

2018 entstand zwischen BFH und BMF eine immer weiter ausufernde Diskussion um die Definition von Sachbezügen versus Barlohn.

Dieser Disput gipfelte zunächst in einem Gesetzgebungsverfahren: Am 31.07.2019 sollte über das Jahressteuergesetz die Abgrenzung aufgenommen werden, stattdessen ging das Jahressteuergesetz ohne die Konkretisierung an den Start. Die vorgesehene Regelung zum Ausschluss von Geldsurrogaten, insbesondere Geldkarten aus dem Sachleistungsbegriff (§ 8 EStG) und der weiteren Differenzierung von Sachleistung versus Barlohn wurde zurückgestellt und wurde aus dem Regierungsentwurf gestrichen.

Am 07.11.2019 beschloss der Deutsche Bundestag dann aber mit dem „Gesetz zur weiteren steuerlichen Förderung der Elektromobilität und zur Änderung weiterer steuerlicher Vorschriften" mit Wirkung zum 01.01.2020 die Anpassungen im Zusammenhang mit der Definition der Sachbezüge.

Durch die neue Rechtsprechung sollen Unsicherheiten bezüglich der Abgrenzung von Geldleistungen und Sachbezügen beseitigt werden. Damit wird festgehalten, dass zweckgebundene Geldleistungen, nachträgliche Kostenerstattungen, Geldsurrogate und andere Vorteile, die auf einen Geldbetrag lauten, grundsätzlich als Geldleistung gewertet werden. Die Übergabe solch einer Geldleistung an einen Arbeitnehmer ist damit als steuerpflichtig zu behandeln.

6 Entgeltgestaltung durch steuerliche und sozialversicherungsrechtliche Besonderheiten

Beispiel 1: Herr Ehrlich erhält einen vom Arbeitgeber manuell erstellten Gutschein für den Erwerb eines Spielwarenartikels im Wert von 40 Euro. Der Mitarbeiter geht daraufhin selbst in ein Kaufhaus, kauft ein Spielzeug und legt seinem Arbeitgeber den Beleg des Kaufhauses vor, um den Gutscheinbetrag von diesem ausgezahlt zu bekommen.

Nach neuer Rechtsprechung ist diese Handhabung nicht mehr umsetzbar, da es sich seit dem 01.01.2020 hierbei um eine nachträgliche Kostenerstattung handelt und die Anwendung der Sachbezugsgrenzen hier nicht möglich ist.

Beispiel 2: Frau Frohsinn erhält von ihrem Arbeitgeber eine zweckgebundene Zahlung für die Mitgliedschaft in einem Fitnessstudio. Der Fitnesszuschuss beträgt dabei monatlich 40 Euro.

Auch dieser Fall ist seit dem 01.01.2020 als Geldleistung zu werten und somit steuerpflichtig anzusetzen.

Beispiel 3: Herr Klug erhält von seinem Arbeitgeber monatlich eine Gutscheinkarte im Wert von 40 Euro. Besonders an dieser Karte ist, dass sie über eine Barauszahlungsfunktion verfügt.

Auch diese Form des Gutscheins wird nicht mehr als Sachlohn zugelassen. Karten, die über eine Barauszahlungsfunktion oder sogar über eine eigene IBAN verfügen, die beispielsweise für Überweisungen verwendet oder als generelles Zahlungsmittel hinterlegt werden können, müssen nach neuer Festlegung als Geldleistung behandelt werden.

Bei der Auswahl des Kartenpartners sollte daher geprüft werden, welche Ziele im Detail verfolgt werden. Es gibt bei den Kartenanbietern Unterschiede

- im Umfang der Akzeptanzstellen der Karten,
- in der optischen Gestaltung der Karten (namentlich für den Mitarbeiter erstellt, firmenindividuell gelabelt mit Logo, …),

6 Entgeltgestaltung durch steuerliche und sozialversicherungsrechtliche Besonderheiten

- in der Unterstützung beim werblichen Einsatz der Karten zur Mitarbeiterbindung, z. B. in der Gestaltung der Website,
- in der Preisgestaltung für die Nutzung der Karten,
- im Umfang der Einsatzmöglichkeiten der Karte, z. B. als Minikreditkarte, zur Nutzung der Sachbezugsregelung und zudem als Restaurantgutschein,
- in den Einlöseoptionen (nutzbar als Zahlungsmittel, …).

Es ist also sehr wichtig, sich hier einen genauen Überblick zu verschaffen, da z. B. die Einlöseoption der Karte in Form eines direkten Zahlungsmittels die steuerfreie Option des Sachbezugs komplett ausschließt.

Neu hinzugekommen ist weiterhin die Anforderung, dass Gutscheine und Geldkarten laut § 8 Abs. 2 Satz 11 EStG **zusätzlich** zum ohnehin geleisteten Arbeitslohn gezahlt werden müssen.

> **Praxistipp**
>
> Bereits die Wahlmöglichkeit bei einer Sachbezugskarte im Rahmen einer Gehaltserhöhung versus einer Bruttoerhöhung gilt schon als Verstoß gegen die Zusätzlichkeit.

Zusammenfassend lässt sich also festhalten:

Ab dem 01.01.2020 gelten nur Geldkarten und Gutscheine als Sachbezug, wenn

- diese einen Mitarbeiter ausschließlich zum Bezug von Waren/Dienstleistungen befähigen **und**
- die Kriterien nach § 2 Abs. 1 Nr. 10 a), b) oder c) des Zahlungsdiensteaufsichtsgesetzes (ZAG) erfüllt sind.

Demnach sind die drei folgenden Kategorien gestattet:

- Begrenzte Netze (§ 2 Abs. 1 Nr. 10a ZAG): Darunter zählen Gutscheinkarten von Einkaufsläden, Einzelhandelsketten oder regionale City-Cards.
- Begrenztes Waren- und Dienstleistungssortiment (§ 2 Abs. 1 Nr. 10b ZAG): Hierzu gehören beispielsweise Tankkarten, Kinokarten oder Gutscheinkarten für einen Buchhandel.
- Der Einsatz des Gutscheins bzw. der Geldkarte ist auf das Inland beschränkt und erfüllt bestimmte soziale und steuerliche Zwecke, z. B. Restaurantgutscheine.

Diese Definitionen gelten nun ab 01.01.2020, allerdings wurden sie durch einen Nicht-Anwendungserlass im Rahmen des BMF-Schreibens vom 13.04.2021 erst ab dem 01.01.2022 wirklich gültig. D. h. bis zum 31.12.2021 konnten die Gutscheinkarten nach den bisherigen Regelungen eingesetzt werden; seit dem 01.01.2022 müssen die Modelle den neuen Anforderungen entsprechen. Die großen Kartenanbieter haben sich hier entsprechend neue Konstrukte überlegt und diese den Kunden angeboten, sodass die weitere Überlassung von Gutscheinkarten nach wie vor möglich ist.

Zu den Neuregelungen hat die Finanzverwaltung inzwischen zum zweiten Mal durch ein weiteres BMF-Schreiben vom 15.03.2022 Klarheit geschaffen und weitere Einzelheiten geregelt.

> **Praxistipp**
>
> Weitere Einzelheiten zu den ZAG-Voraussetzungen enthält neben dem Verwaltungserlass auch das Merkblatt der Bundesanstalt für Finanzdienstleistungsaufsicht (BAFIN; dort unter 3.Buchstabe j).

Gutscheine und Geldkarten wurden damit als flexibles Mittel der Sachzuwendung anerkennt und die Ausnahmeregelung, die in das Gesetz aufgenommen wurden (§ 8 Abs. 1 Satz 3 EStG), mit Beispielen untermauert:

Gutscheine und Geldkarten als Sachbezug: Variante A – begrenzte Netze

Gutscheine und Geldkarten gehören zu den Sachbezügen, wenn sie unabhängig von einer Betragsangabe dazu berechtigen, ausschließlich Waren oder Dienstleistungen

- vom Aussteller des Gutscheins mit Sitz im Inland oder
- aufgrund von Akzeptanzverträgen zwischen Aussteller/Emittent und Akzeptanzstellen bei einem begrenzten Kreis von Akzeptanzstellen im Inland

zu beziehen.

Ein begrenzter Kreis von Akzeptanzstellen gilt laut Beispielen aus dem BMF-Schreiben vom 15.03.2022 für lohnsteuerliche Zwecke als erfüllt:

- bei städtischen Einkaufs- und Dienstleistungsverbünden im Inland oder im Internetshop der jeweiligen Akzeptanzstelle,
- bei Einkaufs- und Dienstleistungsverbünden, die sich auf eine bestimmte inländische Region (z. B. mehrere benachbarte Städte und Gemeinden im ländlichen Raum) erstrecken oder im Internetshop der jeweiligen Akzeptanzstelle,
- wenn Einkaufs- und Dienstleistungsverbünde im vorstehenden Sinne auf die unmittelbar räumlich angrenzenden zweistelligen Postleitzahlen-Bezirke begrenzt werden (dabei werden Städte und Gemeinden, die jeweils in zwei Postleitzahlen-Bezirke fallen, als ein Postleitzahlen-Bezirk betrach-

tet). Es bestehen keine Bedenken, wenn die Auswahl dieser Bezirke durch die Beschäftigten erfolgt,

- aus Vereinfachungsgründen bei Gutscheinen oder Guthabenkarten zum Bezug von Waren oder Dienstleistungen von einer bestimmten Ladenkette (einem bestimmten Aussteller) in den einzelnen Geschäften im Inland oder im Internetshop dieser Ladenkette mit einheitlichem Marktauftritt.

Bei der letzten Gruppe nimmt der neue Erlass eine erfreuliche Lockerung vor. Die erforderliche Begrenzung der Akzeptanzstellen gilt auch als erfüllt, wenn sich der Mitarbeiter oder die Mitarbeiterin vor Hingabe des Gutscheins oder vor Auflading des Guthabens auf die Geldkarte aus verschiedenen Ladenketten je eine auswählen kann.

Daneben enthält der Verwaltungserlass weitere Beispiele. Begünstigt sind danach auch:

- wiederaufladbare Geschenkkarten für den Einzelhandel;
- von einer bestimmten Tankstellenkette ausgegebene Tankkarten zum Bezug von Waren oder Dienstleistungen in den einzelnen Tankstellen mit einheitlichem Marktauftritt;
- ein vom Arbeitgeber selbst ausgestellter Gutschein, wenn die Akzeptanzstellen (zum Beispiel Tankstelle) aufgrund eines vorher geschlossenen (Rahmen-)Vertrags unmittelbar mit dem Arbeitgeber abrechnen. Vorsicht: hier ist die Differenzierung zur nicht mehr begünstigten Kostenerstattung bei Vorleistung durch den Mitarbeiter zu beachten;
- Karten eines Online-Händlers, die nur zum Bezug von Waren oder Dienstleistungen aus seiner eigenen Produktpalette berechtigen. Diese Voraussetzung ist problematisch, weil inzwischen viele Onlinehändler auch Waren von Fremdanbietern über ihre Plattformen anbieten, für deren Kauf die

Gutscheine je nach den Bedingungen im Einzelfall ebenfalls einlösbar sind. Hier gibt es aber auch im überarbeiteten Verwaltungserlass keine Lockerung.

Gutscheine und Geldkarten als Sachbezug: Variante B – Begrenztes Waren- und Dienstleistungssortiment

Gutscheine oder Geldkarten gehören ebenfalls zu den Sachbezügen, wenn sie unabhängig von einer Betragsangabe dazu berechtigen, Waren oder Dienstleistungen ausschließlich aus einer sehr begrenzten Waren- oder Dienstleistungspalette zu beziehen. Auf die Anzahl der Akzeptanzstellen und den Bezug im Inland kommt es dabei nicht an. Nicht ausreichend ist nach dem neuen Verwaltungserlass jedoch die alleinige Bezugnahme auf eine Händlerkategorie (z. B. sog. Merchant Category Code, MCC). Sofern zu einer begrenzten Waren- oder Dienstleistungspalette – wenn auch in geringem Maße – Waren oder Dienstleistungen aus einer anderen Palette angeboten werden, sind die Voraussetzungen für begrenzte Netze (also die Variante A) zu beachten.

Nach der Variante B begünstigt sind Gutscheine und Geldkarten, die beispielsweise begrenzt sein können

- auf den Personennah- und Fernverkehr (zum Beispiel für Fahrberechtigungen, Zugrestaurant),
- auf Kraftstoffe, Ladestrom usw. („Alles, was das Auto bewegt"),
- auf Fitnessleistungen (zum Beispiel für den Besuch von Trainingsstätten und zum Bezug der dort angebotenen Waren oder Dienstleistungen),
- auf Streamingdienste für Film und Musik,
- auf Bücher, Zeitungen und Zeitschriften, auch als Hörbücher oder Downloads,

- auf die Behandlung einer Person in Form von Hautpflege, Make-up, Frisur und dergleichen (sog. Beautykarten) oder
- auf Bekleidung inkl. Schuhe nebst Accessoires (sog. Waren, die der Erscheinung einer Person dienen).

Gutscheine und Geldkarten als Sachbezug: Variante C – Instrumente zu steuerlichen und sozialen Zwecken

Gutscheine oder Geldkarten gehören auch zu den Sachbezügen, wenn sie unabhängig von einer Betragsangabe dazu berechtigen, aufgrund von Verträgen zwischen Aussteller/Emittent und Akzeptanzstellen Waren oder Dienstleistungen ausschließlich für bestimmte soziale oder steuerliche Zwecke im Inland zu beziehen (sog. Zweckkarte).

Auf die Anzahl der Akzeptanzstellen kommt es dabei nicht an. Dennoch handelt es sich bei Variante C eher um einen Ausnahmefall. Begünstigt hiernach sind insbesondere Verzehrkarten in Form von Essensgutscheinen, Restaurantschecks sowie sog. digitale Essensmarken.

Ein „begünstigter" sozialer oder steuerlicher Zweck soll aber gerade nicht die Inanspruchnahme der monatlichen Sachbezugsgrenze von 50 Euro sein, ebenso nicht die Grenze von 60 Euro für Aufmerksamkeiten anlässlich eines besonderen persönlichen Ereignisses oder die 30-%-Pauschalsteuer nach § 37b EStG bei Sachzuwendungen.

Auch wenn dies alles sehr komplex klingt, sind nun doch eindeutige Regelungen vorhanden, sodass der Vorteil der Gutscheinkarten oder Gutscheine bezüglich des Zuflusses des Sachbezugs auch weiter genutzt werden kann: Der Zufluss des Sachbezugs erfolgt bei einer Gutscheinkarte, die bei einem Dritten einzulösen ist, im Zeitpunkt der Aufladung des Guthabens, weil der Arbeitnehmer zu diesem Zeitpunkt einen Rechtsanspruch gegenüber dem Dritten erhält.

Aus der Vergangenheit wurde bereits durch einen Erlass der Finanzverwaltung klargestellt, dass es sich bei den vom Arbeitgeber getragenen Gebühren für die Bereitstellung (zum Beispiel Setup-Gebühr) und Aufladung von Gutscheinen und Geldkarten nicht um einen zusätzlichen geldwerten Vorteil handelt. Die Gebühren werden also bei der Anwendung der Sachbezugsfreigrenze nicht mitgezählt.

6.1.11 Gesundheitsförderung

Seit einigen Jahren gibt es nun bereits die Steuerbefreiung bei arbeitgeberseitiger Gesundheitsvorsorge im Lohnsteuer- und Einkommensteuerrecht gemäß § 3 Nr. 34 EStG. Die Einführung des Zertifizierungserfordernisses führte jedoch zu einer Vielzahl von Fragen, die durch die nachfolgende „Umsetzungshilfe", die am 20.04.2021 veröffentlicht wurde, Klärung fanden.

Nach § 3 Nr. 34 EStG können Arbeitgeber-Zusatzleistungen zur betrieblichen Gesundheitsförderung bis zu einer Höhe von 600 Euro jährlich steuer- und sozialversicherungsfrei gezahlt werden.

Prinzipiell werden zwei Ansätze bei der Gewährung von steuerfreien Gesundheitsmaßnahmen unterschieden:

- Gesundheitsförderliche, nicht zertifizierungspflichtige Maßnahmen in Betrieben (= betriebliche Gesundheitsförderung), die den vom Spitzenverband der Krankenkassen festgelegten Kriterien des Leitfadens Prävention entsprechen (sog. allgemeine Maßnahmen) sowie

- Maßnahmen zur verhaltensbezogenen Prävention, die nach den Vorschriften des SGB V zertifiziert sind. Bei dieser verhaltensbezogenen Prävention (= individuelle Maßnahme) ist die Zertifizierung der Maßnahme zwingende Voraussetzung für die Gewährung der Steuerbefreiung. Unter bestimmten Voraussetzungen können auch nicht zertifizierte Leistungen zur individuellen verhaltensbezogenen Prävention steuerfrei sein.

Steuer- und sozialversicherungsfrei veranlasst werden können also im Einzelnen also nach wie vor folgende Bereiche laut Sozialgesetzbuch:

- allgemeine Reduzierung von Bewegungsmangel sowie Vorbeugung und Reduzierung spezieller gesundheitlicher Risiken durch verhaltens- und gesundheitsorientierte Bewegungsprogramme,

- Vorbeugung und Reduzierung arbeitsbedingter Belastungen des Bewegungsapparates,

- allgemeine Vermeidung von Mangel- und Fehlernährung sowie Vermeidung und Reduktion von Übergewicht,

- Gesundheitsgerechte betriebliche Gemeinschaftsverpflegung (z. B. Ausrichtung der Betriebsverpflegungsangebote an Ernährungsrichtlinien und Bedürfnisse der Beschäftigten, Schulung des Küchenpersonals, Informations- und Motivierungskampagnen),

- Stressbewältigung und Entspannung (= Vermeidung stressbedingter Gesundheitsrisiken),

- Förderung der individuellen Kompetenzen der Stressbewältigung am Arbeitsplatz, gesundheitsgerechte Mitarbeiterführung,

- Einschränkung des Suchtmittelkonsums (= allgemeine Förderung des Nichtrauchens, „rauchfrei" im Betrieb, gesundheitsgerechter Umgang mit Alkohol, allgemeine Reduzierung des Alkoholkonsums, Nüchternheit am Arbeitsplatz).

Darüber hinaus können individuelle Maßnahmen des Arbeitgebers bis zu einem Betrag von 600 Euro jährlich je Arbeitnehmer gefördert werden.

Leistungen zur individuellen verhaltensbezogenen Prävention werden grundsätzlich in Form von Präventionskursen erbracht und sollen den Einzelnen motivieren und befähigen, Möglichkeiten einer gesunden, Erkrankungen vorbeugenden Lebensführung auszuschöpfen.

Die Zertifizierung von Leistungen zur individuellen verhaltensbezogenen Prävention, soweit sie von der Krankenkasse gefördert oder erbracht werden, erfolgt durch eine Krankenkasse oder in ihrem Namen durch einen mit der Wahrnehmung dieser Aufgabe beauftragten Dritten. Die Kurse können auch in die betriebliche Gesundheitsförderung integriert werden.

Die meisten Krankenkassen lassen ihre Leistungen zur individuellen verhaltensbezogenen Prävention nach § 20 Abs. 4 Nr. 1 SGB V im Rahmen einer Kooperationsgemeinschaft über die „Zentrale Prüfstelle Prävention" des Dienstleistungsunternehmens „Team Gesundheit GmbH" prüfen und zertifizieren. Die zertifizierten Präventionskurse der Krankenkassen finden in der Regel außerhalb des Betriebsgeländes statt und werden durch den Arbeitgeber bezuschusst. Leistet der Arbeitgeber einen Zuschuss an die Krankenkasse, ist der auf den teilnehmenden Arbeitnehmer entfallende Zuschuss nach Maßgabe des § 3 Nr. 34 EStG steuerfrei.

Die Teilnahme ist vom Arbeitnehmer mit einer vom Kursleiter unterschriebenen Teilnahmebescheinigung nachzuweisen, aus der der Titel des Kurses einschließlich der Kurs-Identifikationsnummer der jeweiligen Prüfstelle und die Teilnahme des Arbeitnehmers hervorgehen.

Sofern der Arbeitnehmer selbst in finanzielle Vorleistung getreten ist, kann er bei seinem Arbeitgeber unter Vorlage der Teilnahmebescheinigung eine Arbeitgeberförderung beantragen. Zur Vermeidung von Doppelförderungen ist in dem Antrag vom

Arbeitnehmer eine Erklärung abzugeben, ob bereits die Krankenkasse einen Zuschuss gezahlt hat oder ein solcher beantragt wurde. In diesem Fall kann der Arbeitgeberzuschuss höchstens bis zu der beim Arbeitnehmer nach Abzug des Krankenkassenzuschusses verbliebenen Vorleistung nach § 3 Nr. 34 EStG steuerfrei sein.

Das Zertifikat, die Teilnahmebescheinigung und gegebenenfalls der Antrag auf Arbeitgeberförderung sind vom Arbeitgeber als Belege zum Lohnkonto zu nehmen.

Für Leistungen, die der Arbeitgeber zur individuellen verhaltensbezogenen Prävention gewährt, kommt die Steuerbefreiung nach § 3 Nr. 34 EStG in Betracht, wenn die Leistungen durch eine Krankenkasse oder in ihrem Namen durch einen mit der Wahrnehmung dieser Aufgabe beauftragten Dritten zertifiziert sind. Dabei macht es keinen Unterschied, ob die Leistung auf Veranlassung des Arbeitgebers zertifiziert wurden oder ob der Arbeitgeber eine bereits zertifizierte Leistung einkauft und seinen Arbeitnehmern anbietet.

Erforderlich ist bei eingekauften Leistungen, dass

- der beim Arbeitgeber durchgeführte Kurs mit dem zertifizierten Kurs inhaltlich identisch ist,
- das Zertifikat auf den Kursleiter ausgestellt ist, der den Kurs beim Arbeitgeber durchführt, und
- das Zertifikat bei Kursbeginn noch gültig ist.

Das Zertifikat und die Teilnahmebescheinigung sind vom Arbeitgeber als Belege zum Lohnkonto zu nehmen. Bei Barleistungen des Arbeitgebers sind als Nachweis der zweckentsprechenden Verwendung die Teilnahmebescheinigung, der Zahlungsbeleg des Arbeitnehmers und eine Kopie des Zertifikats als Belege zum Lohnkonto zu nehmen.

Geeignete Instrumente zur Erfassung der gesundheitlichen Situation im Betrieb bieten die Krankenkassen an. Insbesondere kann eine Analyse des Arbeitsunfähigkeitsgeschehens erfolgen und arbeitsmedizinische Untersuchungen ausgewertet werden. Hieraus lassen sich dann zielgerichtete Angebote entwickeln, die sich im Idealfall positiv auf den Krankenstand des Unternehmens auswirken.

Die Gesamtkosten solcher Maßnahmen müssen teilnehmerbezogen auf die Arbeitnehmer aufgeteilt werden. Die entsprechenden Rechnungen und deren Aufteilung sowie die Teilnahmebescheinigungen müssen zum Lohnkonto genommen werden.

Wichtig!

Der Freibetrag von 600 Euro gilt pro Kalenderjahr pro Arbeitnehmer. Wird er überschritten, ist nur der übersteigende Betrag steuer- und sozialversicherungspflichtig. Bei einem Arbeitgeberwechsel muss nicht aufgeteilt werden. Der Arbeitnehmer kann bei einem unterjährigen Arbeitgeberwechsel den Freibetrag zweifach in Anspruch nehmen. Auch bei Mehrfachbeschäftigten gibt es keine Probleme, denn der Freibetrag steht dem Arbeitnehmer je Arbeitgeber in voller Höhe zu.

Exkurs: Gesundheitsmanagement für Führungskräfte

Eine Besonderheit besteht für die Geschäftsführung bzw. die „tragenden Säulen" der Belegschaft: Für diese konnten in der Vergangenheit sog. Gesundheits-Checks steuerfrei durchgeführt bzw. die Kosten für diese unter bestimmten Voraussetzungen übernommen werden. Dazu gab es eine Entscheidung seitens der Finanzgerichte mit folgender Aussage: Übernehmen Arbeitgeber für ihre leitenden Angestellten die Kosten für eine ärztliche Vorsorgeuntersuchung (Gesundheits-Check), fließt den Arbeitnehmern kein Arbeitslohn zu.

In einem vom Finanzgericht Düsseldorf entschiedenen Fall hatte der Arbeitgeber seinen Führungskräften alle zwei Jahre kostenlose Gesundheits-Checks zur Früherkennung von Herz-Kreislauf- und Stoffwechselerkrankungen bei einem von ihm ausgesuchten Facharzt angeboten. Nach Ansicht des Finanzgerichts handelte der Arbeitgeber überwiegend aus eigenbetrieblichem Interesse, weil sich das Angebot auf Führungskräfte beschränkte. Hätten die Gesundheits-Checks eine Belohnung sein sollen, hätte der Arbeitgeber die Teilnehmer wohl nach anderen Kriterien ausgewählt. Für das betriebliche Interesse spreche auch, dass der Arbeitgeber sich in anonymisierter Form eine Auswertung zukommen ließ. Gegen ein überwiegendes eigenes Interesse der Arbeitnehmer spreche, dass sie die Kosten der Vorsorgeuntersuchungen nicht oder zumindest nicht in voller Höhe hätten selbst tragen müssen, weil sie durch die Krankenkassen übernommen worden wären. Das rechtskräftige Urteil vom 30.09.2009 ist unter dem Az. 15 K 2727/08 L zu finden.

Die Finanzverwaltung wendet die Kriterien im Gegenzug sehr streng an. Das bedeutet: Ein überwiegendes eigenbetriebliches Interesse an den Vorsorgeuntersuchungen erkennt das Finanzamt meist nur an, wenn auf die für die Untersuchung vorgesehenen Arbeitnehmer ein gewisser mittelbarer Zwang ausgeübt wird und die Untersuchungsergebnisse zumindest in anonymisierter Form auch beim Arbeitgeber bzw. Betriebsarzt bekannt werden.

Ein überwiegendes betriebliches Interesse liegt nach Ansicht der Finanzverwaltung hingegen nicht vor, wenn der Arbeitgeber die Kosten für eine Vorsorgeuntersuchung übernimmt, bei der die Teilnahme im Belieben des Arbeitnehmers steht und nur er selbst Kenntnis von seinen Untersuchungsergebnissen erhält. Die übernommenen Kosten sieht die Finanzverwaltung in diesem Fall als Arbeitslohn an.

Dies führt zu erheblichen Problemen bei der Anwendung der steuerlichen Kriterien. Arbeitgeber, die ihren Führungskräften die Vorsorgeuntersuchungen steuerfrei gewähren möchten, können die von der Finanzverwaltung geforderten Voraussetzungen so nicht erfüllen, da zum einen der von der Finanzverwaltung geforderte zumindest mittelbare Zwang durch zum Beispiel eine persönliche Aufforderung, an der Vorsorgeuntersuchung teilzunehmen, arbeitsrechtlich unzulässig ist. Zum Schutz der körperlichen Unversehrtheit des Arbeitnehmers sind ärztliche Untersuchungen grundsätzlich nur auf freiwilliger Basis möglich (BAG-Urteil vom 12.08.1999, Az. 2 AZR 55 /99). Damit ist eine schriftliche Aufforderung des Arbeitgebers an seinen Arbeitnehmer rechtswidrig, an der Vorsorgeuntersuchung teilzunehmen.

Weiterhin ist der Datenschutz zu beachten. Der Arzt bzw. die Klinik, die die Untersuchung durchführt, darf die Ergebnisse dem Arbeitgeber oder dem Betriebsarzt nur weitergeben, wenn der Arbeitnehmer zustimmt.

6.1.12 Inflationsausgleichsprämie

Vom 26.10.2022 bis zum 31.12.2024 können Arbeitgeber ihren Arbeitnehmern die sog. Inflationsausgleichsprämie in Höhe von maximal 3.000 Euro steuer- und sozialversicherungsfrei auszahlen.

Die Beitragsfreiheit in der Sozialversicherung ergibt sich aus § 1 Abs. 1 Nr. 1 SvEV: es handelt sich bei der Inflationsausgleichsprämie nicht um Arbeitsentgelt im Sinne des § 14 SGB IV.

6 Entgeltgestaltung durch steuerliche und sozialversicherungsrechtliche Besonderheiten

Nach § 3 Nr. 11c EStG müssen für die Anwendung der Steuerfreiheit folgende Bedingungen erfüllt sein:

1. Die Leistung muss zusätzlich zum ohnehin geschuldeten Arbeitslohn erfolgen.
2. Die Zuwendung erfolgt vom Arbeitgeber an den Arbeitnehmer.
3. Die Zuwendung muss zum Zweck der Abmilderung der gestiegenen Verbraucherpreise geleistet werden.
4. Es sind Barzuschüsse oder Sachbezüge möglich.
5. Die Zuwendungen sind im Lohnkonto aufzuzeichnen (§ 41 Abs. 1 Satz 3 EStG).

Mögen diese Voraussetzungen sehr einfach klingen, steckt die Tücke hier doch teils im Detail. Daher sehen wir uns die Voraussetzungen noch einmal genauer an. Bei Unklarheiten hilft ein Blick in die FAQs des BMF vom 07.12.2022, die in der Regel Stellungnahmen zu Fragen beinhalten. Ein Kapitel allerdings bleibt ein Stück unklar.

Die Zusätzlichkeitserfordernis haben wir ja für die Gesamtheit der Gehaltsextras bereits erläutert. Allerdings gilt es hier die arbeitsrechtliche Komponente nicht aus dem Blick zu verlieren. Das BMF hat in seinen FAQs klargestellt, dass es aus arbeitsrechtlichen Themenstellungen keine steuerlichen Nachteile ermitteln wird, eine arbeitsrechtlich möglicherweise strittige Ausgestaltung soll nicht schädlich für die Steuerfreiheit der Prämie sein.

Allerdings könnte eine solche dazu führen, dass die Zusätzlichkeitserfordernis nicht mehr gegeben ist, wenn z. B. eine geplante Gehaltserhöhung als Inflationsausgleichsprämie zur Auszahlung kommt. Eine Abstimmung bei Abweichungen von der Norm und unterschiedlichen Zahlungen an unterschiedliche Arbeitnehmer macht also durchaus Sinn.

Die Auszahlung ganz generell durch einen Arbeitgeber an seine Arbeitnehmer erscheint völlig eindeutig, da diese Zahlung alle Arbeitnehmer im steuerlichen Sinne erhalten können, unabhängig von der Art ihrer Beschäftigung. Somit sind also auch geringfügig Beschäftigte, kurzfristige Beschäftigte, Praktikanten und Auszubildende als Zahlungsempfänger denkbar.

Der Arbeitgeber muss nicht prüfen, ob und in welchem Umfang Mitarbeiter tatsächlich von den Preissteigerungen betroffen sind. Unerheblich ist dabei auch, ob ein Mitarbeiter in Voll- oder Teilzeit beschäftigt wird.

> **Hinweis**
>
> Die Inflationsausgleichsprämie kann auch Arbeitnehmern gewährt werden, deren Arbeitsverhältnis z. B. infolge von Kurzarbeit, Bezug von Krankengeld oder Elternzeit (mit Bezug von Elterngeld) ruht.

Auch Vorstände und Gesellschafter-Geschäftsführer können die Zahlung erhalten, sofern der steuerliche Arbeitnehmerbegriff erfüllt ist.

Soll ein angestellter Geschäftsführer die Inflationsausgleichsprämie erhalten, ist zu unterscheiden:

Ist der Geschäftsführer nicht Gesellschafter, ist eine steuer- und beitragsfreie Zahlung möglich. Sollte der Geschäftsführer zugleich auch Gesellschafter (= Gesellschafter-Geschäftsführer) sein, so kommt es auf die Rechtsform der Gesellschaft an. Handelt es sich um eine Personengesellschaft (z. B. GbR, OHG, KG, GmbH & Co. KG), kann dem Gesellschafter-Geschäftsführer keine steuerfreie Inflationsausgleichsprämie zugewandt werden, da dann gewerbliche Einkünfte vorliegen (§ 15 Abs. 1 Nr. 2 Hs 2 EStG). Bei einer Kapitalgesellschaft (z. B. UG, GmbH, AG), kann der Gesellschafter-Geschäftsführer von der Inflationsausgleichsprämie profitieren. Allerdings sind dann die Grundsätze des Fremdvergleichs zu beachten, damit sich keine verdeckte Gewinnausschüttung ergibt.

Vorsicht: Der Fremdvergleich ist auch zu beachten, wenn bei einer Kapitalgesellschaft der Ehepartner oder Kinder des Gesellschafters beschäftigt werden, und diese eine Inflationsausgleichsprämie erhalten sollen. Es empfiehlt sich, diesen Personen keinesfalls eine höhere Prämie als anderen Arbeitnehmern zukommen zu lassen.

Nicht genutzt werden kann die Zahlung an: freie Mitarbeiter, selbstständig tätige Handelsvertreter sowie Arbeitnehmer verbundener Unternehmen (z. B. Arbeitnehmer einer Tochter- oder Schwestergesellschaft).

Die Auszahlung muss zur Abmilderung der gestiegenen Verbraucherpreise erfolgen. Nach der Gesetzesbegründung sind aber keine umfangreichen Vertragsnachträge oder dergleichen gefordert, es ist ausreichend, wenn der Arbeitgeber bei der Gewährung der Prämie für den begünstigten Arbeitnehmer deutlich macht, dass diese im Zusammenhang mit den Preissteigerungen steht. Dies ist beispielsweise in Form der Bezeichnung „Inflationsausgleichsprämie" auf der Gehaltsabrechnung oder dem Überweisungsträger möglich.

Praxistipp

Allerdings sollten Arbeitgeber die Leistung bzw. Zahlung unter einen Freiwilligkeitsvorbehalt stellen. Sie sollten sich dazu eine entsprechende Erklärung vom Arbeitnehmer unterzeichnen lassen.

Für die Inflationsausgleichsprämie gilt ein Höchstbetrag von 3.000 Euro je Arbeitnehmer. Da es sich um einen Freibetrag und nicht um eine Freigrenze handelt, kann der Arbeitgeber dem Arbeitnehmer auch einen niedrigeren oder höheren Betrag zuwenden. Entscheidet sich der Arbeitgeber für einen höheren Betrag, ist nur der den Freibetrag von 3.000 Euro übersteigende Teil als Arbeitslohn der Besteuerung und den Sozialabgaben zu unterwerfen.

Der Höchstbetrag stellt auf das Arbeitsverhältnis ab. Aus dem Grund können Arbeitnehmer mit mehreren Arbeitgebern mehrfach profitieren. Ein Arbeitnehmer mit einem Haupt- und Nebenjob kann damit bis zu 6.000 Euro steuer- und beitragsfrei erhalten (3.000 Euro vom Arbeitgeber des Hauptjobs und 3.000 Euro vom Arbeitgeber des Nebenjobs). Zudem können Arbeitnehmer mehrfach profitieren, wenn sie bis zum 31.12.2024 ihren Arbeitgeber wechseln.

Praxistipp

In den Fällen von Betriebsübergängen nach § 613a BGB (z. B. Einbringung eines Einzelunternehmens in eine Kapitalgesellschaft) ist nicht von einem weiteren Arbeits- oder Dienstverhältnis auszugehen. Dies ergab die Rechtsprechung zur Corona-Prämie. In diesem Fall tritt der neue Betriebsinhaber lediglich in die Rechte und Pflichten aus den im Zeitpunkt des Übergangs bestehenden Arbeitsverhältnissen ein. Aus diesem Grund besteht weiterhin lediglich ein Arbeitsverhältnis, sodass eine mehrfache steuer- und beitragsfreie Zahlung der Inflationsausgleichsprämie nicht möglich ist.

Generell kann der Arbeitgeber bei seinen Mitarbeitern frei entscheiden, ob, wann und wie er den Betrag auszahlt, es ist also auch eine ratenweise Zahlung in der Zeit zwischen dem 26.10.2022 und dem 31.12.2024 möglich, quartalsweise Zahlungen oder ähnliches.

Die steuerfreien Leistungen infolge der Inflationsausgleichsprämie sind im Lohnkonto der jeweiligen Arbeitnehmer aufzuzeichnen (§ 41 Abs. 1 Satz 3 EStG). Damit wird sichergestellt, dass die Zahlung für den Lohnsteueraußenprüfer als solche erkennbar ist und die zugrundeliegende Vereinbarung bei Bedarf geprüft werden kann.

Praxistipp

Die Zahlung muss nicht auf der jährlichen Lohnsteuerbescheinigung ausgewiesen werden. Der Arbeitnehmer muss sie nicht in seiner Steuererklärung angeben, sie unterliegt auch nicht dem Progressionsvorbehalt.

Hinweis

Zahlt der Arbeitgeber einem Arbeitnehmer eine steuer- und beitragsfreie Inflationsausgleichsprämie, kommt diese auch bei Beziehern von Arbeitslosengeld/Sozialleistungen im Sinne des SGB II in voller Höhe an. Gemäß dem neuen § 1 Abs. 1 Nr. 7 Alg II-V ist die Inflationsausgleichsprämie für Zwecke des Arbeitslosengeldes und für Sozialleistungen nicht als Einkommen im Sinne des SGB II zu berücksichtigen.

6.1.13 Job-Tickets und steuerfreie Fahrtkostenzuschüsse

Seit dem 01.01.2019 sind Arbeitgeberleistungen

a) für Fahrten des Arbeitnehmers mit öffentlichen Verkehrsmitteln im Linienverkehr (ohne Luftverkehr) zwischen Wohnung und erster Tätigkeitsstätte (inkl. Fahrten zu einem Sammelpunkt oder einem weiträumigen Tätigkeitsgebiet) und

b) für alle Fahrten des Arbeitnehmers im öffentlichen Personennahverkehr

nach § 3 Nr. 15 EStG steuerfrei.

Damit sind also Zuschüsse und Sachbezüge von Arbeitgeber an Arbeitnehmer, die für die Fahrten zwischen Wohnung und erster Tätigkeitsstätte öffentliche Verkehrsmittel im genehmigten Linienverkehr nutzen, lohnsteuerfrei. Begünstigt ist der Linienverkehr, sofern er nicht den Luftverkehr betrifft.

Für die Steuerfreiheit werden 3 Fallgruppen unterschieden:

- Steuerfreie Zuschüsse des Arbeitgebers, d. h. der Ersatz von nachgewiesenen Aufwendungen des Arbeitnehmers.
- Jobtickets, also das Überlassen unentgeltlicher oder verbilligter Fahrausweise.
- Die Überlassung von Fahrausweisen zur privaten Benutzung des öffentlichen Personennahverkehrs.

Bei allen 3 Fallgruppen ist es erforderlich, dass der Arbeitgeber diese Leistungen zusätzlich zum ohnehin geschuldeten Arbeitslohn erbringt. Die Fälle der sog. Barlohnumwandlung sind in keinem Fall begünstigt.

Die Steuerbefreiung gilt insbesondere für Fahrkarten in Form von

- Einzel-/Mehrfahrtenfahrscheinen,
- Zeitkarten (z. B. Monats-, Jahrestickets, BahnCard 100),
- allgemeinen Freifahrberechtigungen und Freifahrberechtigungen für bestimmte Tage (z. B. „Feinstaubticket") oder Ermäßigungskarten (z. B. BahnCard 25, BahnCard 50).

Sie umfasst sowohl die unentgeltliche oder verbilligte Überlassung von Fahrkarten als Sachbezug, als auch Barzuschüsse zu Fahrkarten, die der Arbeitnehmer selbst gekauft hat. Es ist nicht von vornherein für die Steuerfreiheit schädlich, wenn die Fahrkarte auch die Mitnahme von anderen Personen umfasst oder auf andere Personen übertragbar ist.

Zu den öffentlichen Verkehrsmitteln im Linienverkehr zählen

- Fernzüge der Deutschen Bahn (ICE, IC, EC),
- Fernbusse auf festgelegten Linien oder Routen und mit festgelegten Haltepunkten sowie
- vergleichbare Hochgeschwindigkeitszüge und schnellfahrende Fernzüge anderer Anbieter (z. B. TGV, Thalys).

Bei diesen Verkehrsmitteln (oben unter a) aufgeführt – die Finanzverwaltung bezeichnet diese auch als Personenfernverkehr) ist nur die Nutzung zu Fahrten zwischen Wohnung und erster Tätigkeitsstätte nach § 3 Nr. 15 EStG begünstigt, umfasst also nur Arbeitnehmer, die in einem aktiven Beschäftigungsverhältnis stehen.

Aus Vereinfachungsgründen rechnet die Finanzverwaltung alle öffentlichen Verkehrsmittel, die nicht Personenfernverkehr im obigen Sinne sind, zum ÖPNV.

6.1.13.1 Personennahverkehr

Zum öffentlichen Personennahverkehr (ÖPNV) gehört abgeleitet aus dem BMF-Schreiben die allgemein zugängliche Beförderung von Personen im Linienverkehr, die überwiegend dazu bestimmt ist, die Verkehrsnachfrage im Stadt-, Vorort- oder Regionalverkehr zu befriedigen.

Auch Taxen können zum ÖPNV gehören. Das BMF unterscheidet bei Taxen wie folgt:

- Taxen werden zum ÖPNV gerechnet, soweit sie ausnahmsweise im Linienverkehr nach Maßgabe der genehmigten Nahverkehrspläne eingesetzt werden (z. B. zur Verdichtung, Ergänzung oder zum Ersatz anderer öffentlicher Verkehrsmittel) und von der Fahrkarte mitumfasst sind oder gegen einen geringen Aufpreis genutzt werden dürfen.

- Die Nutzung von Taxen im Gelegenheitsverkehr, von für konkrete Anlässe speziell gemieteten bzw. gecharterten Bussen oder Bahnen, die nicht auf konzessionierten Linien oder Routen fahren, und von Flugzeugen werden nicht zum ÖPNV gezählt.

Praxistipp

Nur die „Beförderung von Personen" wird als ÖPNV angesehen. Daher sind (allgemein zugängliche) Mobilitätsoptionen, wie z. B. Car-, Bike- oder Scootersharing nicht begünstigt.

Die Steuerbefreiung kann auch für Arbeitnehmer ohne aktives Beschäftigungsverhältnis (inkl. Leiharbeitnehmer) genutzt werden, da bei Nutzung des ÖPNV alle Privatfahrten begünstigt sind.

Anrechnung auf die Entfernungspauschale und Bescheinigung

Die steuerfreien Arbeitgeberleistungen mindern die im Rahmen der Einkommensteuerveranlagung abziehbare Entfernungspauschale und müssen in der elektronischen Lohnsteuerbescheinigung des Arbeitnehmers in Zeile 17 bescheinigt werden (§ 41b Abs. 1 Satz 2 Nr. 6 EStG). Dies gilt auch für die Zuschüsse für reine Privatfahrten.

Der Minderungsbetrag für die Entfernungspauschale entspricht dem Wert der überlassenen Fahrkarte oder dem geleisteten Zuschuss, der ohne die Steuerbefreiung nach § 3 Nr. 15 EStG als Arbeitslohn zu besteuern gewesen wäre. Mengenrabatte, wie sie bei Job-Tickets oft enthalten sind, müssen nicht bescheinigt werden. Aus Vereinfachungsgründen können die Aufwendungen des Arbeitgebers inkl. Umsatzsteuer herangezogen werden.

Die Entfernungspauschale wird maximal bis auf 0 Euro gekürzt. Die Minderung ist unabhängig von der tatsächlichen Nutzung der Fahrkarte vorzunehmen. Auch wenn der Arbeitnehmer die Fahrkarte nicht für die Fahrt Wohnung/erste Tätigkeitsstätte nutzt, sondern ausschließlich für private Fahrten, wird die Entfernungspauschale gekürzt.

Nutzt der Arbeitnehmer die Fahrkarte auch für Dienstreisen (Auswärtstätigkeiten) oder wöchentliche Familienheimfahrten im Rahmen einer doppelten Haushaltsführung, kann die Kostenerstattung nach Dienstreisegrundsätzen bzw. den Grundsätzen für eine doppelte Haushaltsführung steuerfrei bleiben. Diese Steuerbefreiungen in § 3 Nr. 13 und § 3 Nr. 16 EStG sind vorrangig vor § 3 Nr. 15 EStG zu prüfen.

> **Praxistipp**
>
> Die Kürzung kann entfallen, wenn der Arbeitnehmer wirksam auf die Fahrberechtigung verzichtet hat (indem er die Fahrberechtigung nicht annimmt oder eine Fahrkarte zurückgibt). Dieser Verzicht ist als Nachweis zum Lohnkonto zu nehmen.

Wenn sich der Gültigkeitszeitraum einer Fahrkarte auf zwei oder mehr Kalenderjahre erstreckt (z. B. Jahresticket), gilt die steuerfreie Leistung als in dem Kalenderjahr zugeflossen, in dem sie vom Arbeitgeber erbracht wurde. Allerdings muss der Wert der Fahrkarte für die Anrechnung auf die Entfernungspauschale gleichmäßig auf den Gültigkeitszeitraum verteilt und entsprechend in den jeweiligen Kalenderjahren bescheinigt werden.

Auf die Möglichkeit der pauschalen Versteuerung des Job-Tickets durch den Arbeitgeber gehen wir noch ein.

6.1.13.2 Personenfernverkehr

Fahrkarten für den Personenfernverkehr sind nach § 3 Nr. 15 EStG nur steuerfrei, soweit sie für Fahrten Wohnung/erste Tätigkeitsstätte genutzt werden. Soweit sie privat genutzt werden, kann sie der Arbeitgeber nicht steuerfrei erstatten.

Praxistipp

Gilt die Fahrkarte für den Personenfernverkehr nur für die Strecke Wohnung/erste Tätigkeitsstätte, geht die Finanzverwaltung aus Vereinfachungsgründen davon aus, dass die Arbeitgebererstattung nur für die Fahrten Wohnung/erste Tätigkeitsstätte erfolgt. Sie kann somit in voller Höhe nach § 3 Nr. 15 EStG steuerfrei bleiben.

Hinweis

Die tatsächliche Nutzung der Fahrkarte auch zu privaten Fahrten ist unbeachtlich.

Gilt die Fahrkarte für den Personenfernverkehr für eine längere Strecke als die Strecke Wohnung/Tätigkeitsstätte, kann aus Vereinfachungsgründen der Teil der Fahrkarte nach § 3 Nr. 15 EStG steuerfrei bleiben, der auf die Strecke Wohnung/erste Tätigkeitsstätte entfällt. Für die Vergleichsberechnung ist der reguläre Verkaufspreis anzusetzen.

Hinweis

Berechtigt die Fahrkarte des Arbeitnehmers nur zur Nutzung von Zügen des ÖPNV, ist diese Vergleichsberechnung nicht erforderlich. Denn bei Nutzung des ÖPNV können alle Fahrten steuerfrei erstattet werden. In diesem Fall müssten die gesamten Kosten der Fahrkarte in Zeile 17 der Lohnsteuerbescheinigung angegeben werden.

> **Exkurs: 49 Euro-Ticket**
>
> Nach dem großen Erfolg des vorrübergehend von Juni 2022 bis August 2022 angebotenen 9 Euro-Tickets ist nun in 2023 das dauerhafte Angebot eines 49 Euro-Tickets angedacht; die Ausgestaltung im Detail ist bislang noch nicht abschließend geklärt. Wichtig in Bezug auf das 49 Euro-Ticket wird bei der Einführung sein, dass Zuschüsse, die Arbeitgeber zusätzlich zum ohnehin geschuldeten Arbeitslohn zu Aufwendungen für öffentliche Verkehrsmittel leisten, hinsichtlich der Steuerbefreiung nach § 3 Nr. 15 EStG die Höhe der Aufwendungen des Arbeitnehmers nicht übersteigen dürfen. Hier werden also die erstatteten Beträge ggf. angepasst werden müssen, wie dies während der Gültigkeit des 9 Euro-Tickets notwendig war.

6.1.14 Kindergartenzuschüsse und Betreuungskostenübernahme

6.1.14.1 Kindergartenzuschüsse

Zuschüsse für die Kindergärten können dem Arbeitnehmer gegen Nachweis zusätzlich zum ohnehin geschuldeten Arbeitslohn steuerfrei erstattet werden, so regelt es § 3 Nr. 33 EStG. Dies war und ist anerkannt und erfreut sich als Mittel auch zunehmender Beliebtheit. Allerdings ist diese Erstattungsoption an enge Voraussetzungen geknüpft:

Alljährlich muss die **Originalrechnung** im Unternehmen vorgelegt und zum Lohnkonto genommen werden, um eine doppelte Geltendmachung im Rahmen der Einkommensteuererklärung zu unterbinden. Werden nur anteilig Zuschüsse gewährt, so müssen Sie sich trotzdem die Originalrechnung vorlegen lassen und darauf den von Ihnen erstatteten Anteil vermerken. Dieser Beleg, gestempelt und gezeichnet von Ihnen, verbleibt als Kopie in der Personalakte und geht im Original an den betroffenen Arbeitnehmer zurück. Damit soll eine doppelte Geltendmachung der Beträge beim Arbeitgeber und im Rahmen der Einkommensteuererklärung vermieden werden.

Die Kinder der anspruchsberechtigten Eltern durften in der Vergangenheit noch nicht schulpflichtig sein, was aufgrund der landesrechtlichen Schulgesetze oftmals zu unterschiedlichen Ergebnissen geführt hat.

Seit 2015 gibt es eine Vereinfachungsregelung, wonach von nicht schulpflichtigen Kindern ausgegangen werden kann, solange sie noch nicht eingeschult sind (R 3.33 Abs. 3 LStR). Damit können in den Ländern mit „späten Sommerferien" auch in den Monaten August und gegebenenfalls September (bis zum Tag der Einschulung) die Kindergartenzuschüsse ohne weiteres steuerfrei ausgezahlt werden.

Steuerfrei zu leisten sind Sachleistungen und Barzuschüsse des Arbeitgebers für die Unterkunft und die Betreuung nicht schulpflichtiger Kinder. Nicht begünstigt sind Transport oder Betreuung im Haushalt sowie der Unterricht eines Kindes.

Kindergartenzuschüsse sind bis dato von der Höhe her auf die tatsächlich nachgewiesenen Kosten begrenzt. Diese werden aber im Regelfall nicht ausgeschöpft, da diese Zuschüsse ja bei Einschulung des Kindes ersatzlos entfallen. Leider lösen sich mit Erreichen dieses Zeitpunktes die Kosten für ein Kind ja nicht auf, und wenn die bis dato gewährten Nettozuschüsse dann einfach entfallen, führt das bei den betroffenen Mitarbeitern trotz mehrfacher Hinweise auf die Befristung im Vorfeld nicht unbedingt zu Begeisterung bzw. eröffnet die Erwartungshaltung auf einen gleichwertigen Ersatz.

Hat der Arbeitgeber hier einen Zuschuss von ca. 100 Euro pro Monat gewährt, ist eine gefühlte Kompensation durch eine Bruttoerhöhung evtl. möglich. Belief sich der Zuschuss auf

400 Euro, was durchaus Beträge sind, die für Kindergärten in Ballungsgebieten gezahlt werden, ist der Wegfall schwerer zu verkraften bzw. ein Ausgleich durch eine Bruttoerhöhung eher unrealistisch.

Tatsächlich ist dieses Medium sehr umstritten, da viele Elternteile von sich aus durchaus damit einverstanden wären, wenn die Gelder mit Erreichen der Schulpflicht entfielen, da dann ja auch die Kindergartenkosten entfallen. In der Realität ist aber ein bisher auf der Lohnabrechnung ausgewiesener Betrag, der dann ersatzlos entfällt, meist ein hoher Faktor der Demotivation. Eine Festlegung eines Ersatzes nach Wegfall im Vorfeld würde aber das Kriterium der Zusätzlichkeit torpedieren.

6.1.14.2 Zuschüsse zur Beratung und Vermittlung von Kinderbetreuung oder der Betreuung pflegebedürftiger Angehöriger

Leistungen des Arbeitgebers, die – wie im Titel dargestellt – zur Vermittlung von Betreuungskräften für pflegebedürftige Angehörige oder Kinder beitragen oder Beratungsleistungen dazu, können zukünftig ohne Betragsbegrenzung steuerfrei erstattet werden. Voraussetzung für die Nutzung der Steuerfreiheit ist, dass die zu betreuenden Kinder Anspruch auf Kindergeld haben. Begünstigt sind Kinder, die das 14. Lebensjahr noch nicht vollendet haben, oder behinderte Kinder, die außerstande sind, sich selbst zu unterhalten und deren Behinderung vor Vollendung des 25. Lebensjahrs eingetreten ist.

Zwar müssen auch diese Zuschüsse zusätzlich zum ohnehin geschuldeten Arbeitslohn gewährt werden. Im Regelfall werden diese aber ohnehin eher in Einzelfällen und damit als besondere „Prämienregelung" auftreten.

Beispiel: Auf Wunsch des Unternehmens beendet Herr Ehrlich die Elternzeit für sein zweites Kind vorzeitig: Ein Unterbringungsplatz für das Kind ist schwer zu finden und so beauftragen Sie als Arbeitgeber einen externen Dienstleister, der Familie Ehrlich bezüglich der Suche nach einer Kinderbetreuung unterstützt und letztlich einen Betreuungsplatz für das Kind vermittelt. Die hierfür angefallenen Beratungskosten von beispielhaft 650 Euro können Sie als Arbeitgeber komplett steuer- und sozialversicherungsfrei übernehmen.

6.1.14.3 Steuerfreie kurzfristige Betreuung von Kindern und pflegebedürftiger Angehöriger

Sicher kennt fast jedes Elternteil die Situation: Ein zwingender beruflicher Termin erfordert einen längeren Verbleib im Büro. Der Kindergarten schließt um 17.00 Uhr bzw. die Kinderbetreuung ist bis 17.00 Uhr gebucht und kann auch nicht länger bleiben. Für solche kurzfristigen berufsbedingten Betreuungen von Kindern bis zum 14. Lebensjahr oder pflegebedürftigen Angehörigen eines Mitarbeiters, die über den normalen Betreuungsaufwand hinausgehen, können Sie nun zusätzlich aktiv werden und bis zu 600 Euro pro Mitarbeiter und Jahr steuerfrei erstatten. Dabei ist hier auch die Betreuung im Privathaushalt begünstigt.

Vorsicht: Nicht steuerfrei sind dagegen Zuschüsse an Arbeitnehmer, die Arbeitgeber für die Notbetreuung während der üblichen Arbeitszeit gewähren, weil etwa eine Betreuungsperson krankheitsbedingt ausgefallen ist.

Beispiel: Frau Frohsinn ist nun schon einige Jahre für Sie tätig und hat mittlerweile aufgrund der Geburt ihres ersten Kindes ihre Arbeitszeit auf 50 % vormittags reduziert. Für einen Großauftrag stockt sie ihre Teilzeittätigkeit für sechs Wochen auf 100 % Arbeitszeit auf. Sie übernehmen im Gegenzug die Kosten für die nunmehr nachmittags erforderliche Kinderbetreuung in Höhe von 650 Euro.

Bis zu einem Betrag von 600 Euro können Sie diese Kosten steuer- und sozialversicherungsfrei erstatten. Es handelt sich dabei um einen **Freibetrag**. Lediglich der übersteigende Betrag von 50 Euro unterliegt also der Lohnsteuer- und Sozialversicherungspflicht.

> **Praxistipp**
>
> Die Zahlungen sind auch an Großeltern oder sonstige Familienangehörige denkbar, wenn diese nachweislich in Rechnung gestellt werden. In der Realität taucht dann aber oft das Problem auf, dass Großeltern und Freunde kein Gewerbe angemeldet haben und damit die Rechnungsstellung in offizieller Form diese in Verlegenheit bringen kann.

6.1.15 Kundenbindungsprogramme

Immer häufiger bieten Tankstellen oder Supermärkte im Rahmen von Kundenbindungsprogrammen Sachprämien an. Dies birgt einige interessante Ansätze, insbesondere dann, wenn die Tankkarte oder aber die Kreditkarte beim Großhändler vom Arbeitgeber stammt und durch diesen auch die Einkäufe bezahlt wurden. Da es hier eine Vielzahl von Ansätzen gibt, möchten wir einige Beispiele nennen, die insbesondere bei dienstlichen Anlässen immer wieder vorkommen:

- Der Arbeitnehmer erwirbt anlässlich einer beruflichen Auswärtstätigkeit Flug- oder Bahntickets, die er von seinem Arbeitgeber erstattet bekommt. Im Zuge des Erwerbs erhält der Arbeitnehmer Bonuspunkte.

6 Entgeltgestaltung durch steuerliche und sozialversicherungsrechtliche Besonderheiten

- Ein Arbeitnehmer darf die Tankkarte seines Arbeitgebers benutzen. Bei jeder Bezahlung bekommt er Bonuspunkte aus einem Kundenbindungsprogramm.
- Ein Mitarbeiter verwendet anlässlich einer beruflichen Auswärtstätigkeit eine Firmenkreditkarte und erhält hierfür Bonuspunkte.

Ob und in welcher Höhe Lohnsteuer und eventuell sogar Sozialversicherungsbeiträge fällig werden, hängt davon ab, für welche Zwecke die gesammelten Bonuspunkte verwendet werden können.

Bewertung als Sachbezug

Werden einem Arbeitnehmer im Rahmen einer dienstlichen Tätigkeit Bonuspunkte gutgeschrieben, für die er sich privat Sachprämien aussuchen kann, entsteht prinzipiell ein zu versteuernder geldwerter Vorteil. Allerdings erst im Zeitpunkt der tatsächlichen Inanspruchnahme der Bonuspunkte, nicht und nicht bereits bei Gutschrift der Bonuspunkte auf dem Prämienkonto.

Praxistipp

Beruhen die Bonuspunkte aus der Inanspruchnahme von Dienstleistungen, kann der Prämienanbieter aktiv werden und die Vorteile mit abgeltender Wirkung pauschal mit 2,25 v. H. versteuern (§ 37a Abs. 1 EStG). Stammen die Bonuspunkte dagegen aus dem Kauf von Waren, ist der geldwerte Vorteil ohne Abzüge lohnsteuerpflichtig.

Bewertung als Geldbezug

Steht in den allgemeinen Geschäftsbedingungen, dass ein erzielter Bonuspunkt einen Gegenwert von z. B. 1 Cent hat und die Auszahlung bargeldlos durch Überweisung auf ein vom Arbeitnehmer angegebenes Konto erfolgt, liegt ein geldwerter Vorteil vor, der ohne Abzug lohnsteuerpflichtig ist. Der Arbeitslohn fließt dem Arbeitnehmer – anders als beim Sachbezug – bereits bei Gutschrift der Bonuspunkte auf dem Prämienkonto zu. Bonuspunkte sind auch dann wie ein Geldbezug zu werten, wenn die Bonuspunkte wie Geld verwendet werden können. Das ist der Fall, wenn sich der Arbeitnehmer über die Bonuspunkte einen Wertgutschein ausdrucken lassen und damit einkaufen kann (z. B. bei Payback-Kundenbindungsprogrammen).

Durch die Möglichkeit der Bareinlösung unterliegt dieser auch nicht den Möglichkeiten des 50 Euro-Sachbezuges, d. h. eine Anwendung der 50 Euro-Freigrenze ist nicht möglich.

> **Praxistipp**
>
> Es reicht schon die Möglichkeit der Bareinlösung aus, um den Ansatz der 50 Euro-Freigrenze zu unterbinden.

Die Spitzenverbände der Sozialversicherung haben klargestellt, dass die pauschale Besteuerung keinerlei Beitragsfreiheit auslöst.

> **Praxistipp**
>
> Aufgrund der schwierigen praktischen Umsetzbarkeit der lohnsteuerlichen Bestimmungen und damit des Haftungsrisikos, will die Freischaltung von z. B. Tankkarten für Payback-Programme wohlüberlegt sein.

Sachprämien, die aufgrund der Umwandlung von Prämienpunkten aus Kundenbindungsprogrammen im allgemeinen Geschäftsverkehr in einem planmäßigen Verfahren ausgeschüttet werden, sind bis zu 1.080 Euro jährlich steuerfrei. Nicht begünstigt nach der Ausgestaltung der gesetzlichen Befreiungsvorschrift sind z. B. Preisnachlässe, Skonti und Rückvergütungen.

6.1.16 Mankogelder

Von Mankogeldern oder auch Fehlgeldern spricht man, wenn Mitarbeitern, die mit einer Kassentätigkeit betraut sind, pauschal Fehlbeträge erstattet werden. Mit diesen können also eventuelle Fehlbeträge in der Kasse ausgeglichen werden. Arbeitgeber können ihren Arbeitnehmern bis zu 16 Euro netto monatlich dafür zur Verfügung stellen.

Die Fehlgeldentschädigung wird als Ausgleich eines erhöhten Haftungsrisikos des Arbeitnehmers nicht nur den ausschließlich oder im Wesentlichen im Kassen- und Zähldienst Beschäftigten gewährt, sondern gilt ebenso für Arbeitnehmer, die nur im geringen Umfang im Kassen- und Zähldienst tätig sind.

Der Begriff „Kasse" umfasst dabei auch bereits die Verwahrung kleinster Geldmengen für den Arbeitgeber (z. B. Portokasse, Freud- und Leidkasse, Handkasse im Sekretariat etc.).

> **Praxistipp**
>
> Die steuerfreie Fehlgeldentschädigung ist z. B. wegen der in Arztpraxen bar vereinnahmten Entgelte für die sog. IGEL-Leistungen und der sich daraus ergebenden Kassenführung auch an Arzthelfer möglich. Unter IGEL-Leistungen (Individuelle Gesundheitsleistungen) versteht man alle Leistungen der Vorsorge- und Service-Medizin, die von der gesetzlichen Krankenversicherung nicht bezahlt werden, weil sie nicht zu deren Leistungskatalog gehören.

6.1.17 Mitarbeiterbeteiligungen/Aktienüberlassung

Die Überlassung von Aktien an Mitarbeiter des Unternehmens (sog. Aktienoptionen) stellt für den jeweiligen Mitarbeiter einen geldwerten Vorteil dar. Die Rechtsgrundlagen für die Besteuerung der Überlassung von Vermögensbeteiligungen finden sich in § 3 Nr. 39 EStG sowie in § 11 BewG. Die Finanzverwaltung hat mit BMF-Schreiben vom 16.11.2021 zur steuerlichen Behandlung von Vermögensbeteiligungen Stellung genommen. Die beitragsrechtliche Beurteilung von Mitarbeiterbeteiligungen ergibt sich aus § 14 SGB IV i. V. m. § 1 Abs. 1 Satz 1 Nr. 1 SvEV.

Dieser geldwerte Vorteil wird damit nicht bereits im Zeitpunkt des Erwerbs der Optionsrechte, sondern erst bei der späteren Ausübung der Rechte steuer- und damit auch beitragspflichtig zur Sozialversicherung.

Vermögensbeteiligungen können sein:

- Aktien,
- Anteilsscheine an in- oder ausländischen Aktienfonds,
- Beteiligungssondervermögen,

- Genossenschaftsguthaben,
- GmbH-Anteile.

Diese Vorteile des Arbeitnehmers aus der unentgeltlichen oder verbilligten Überlassung von Vermögensbeteiligungen (insbesondere Belegschaftsaktien) sind mit dem gemeinen Wert zu bewerten.

Die Inanspruchnahme des Steuerfreibetrags setzt voraus, dass die Beteiligung mindestens allen Arbeitnehmern offensteht, die im Zeitpunkt der Bekanntgabe des Angebots ein Jahr oder länger ununterbrochen in einem gegenwärtigen Dienstverhältnis zum Unternehmen des Arbeitgebers stehen. Als Unternehmen des Arbeitgebers gilt dabei auch ein Konzernunternehmen.

Zur Stärkung der Attraktivität der Mitarbeiterkapitalbeteiligung wird dieser steuerfreie Höchstbetrag für Vermögensbeteiligungen seit 2021 auf 1.440 Euro jährlich angehoben, für 2023 ist eine Anhebung auf 5.000 Euro in der Diskussion. Mit dieser weiteren Steigerung sollen Arbeitgeber motiviert werden, ihren Arbeitnehmern Vermögensbeteiligungen zu überlassen. Da die Vorschrift des § 3 Nr. 39 EStG – wie bisher – keine Zusätzlichkeitserfordernis enthält, wird durch die Vervierfachung des Freibetrags auch die Attraktivität von Vermögensbeteiligungen in Fällen einer Gehaltsumwandlung erhöht.

Sofern der Arbeitgeber seiner Verpflichtung zur Änderung des Lohnsteuerabzugs nicht nachkommt, kann der Arbeitnehmer den höheren, noch nicht im Lohnsteuerabzugsverfahren ausgeschöpften Freibetrag bei seiner Veranlagung zur Einkommensteuer geltend machen. Dies geschieht durch eine Minderung des auf der Lohnsteuerbescheinigung ausgewiesenen Bruttoarbeitslohns.

Der steuerlich relevante Zufluss setzt die Erlangung von wirtschaftlichem Eigentum an der Vermögensbeteiligung durch den Arbeitnehmer voraus. Wirtschaftliches Eigentum an Aktien erlangt, wer nach dem Inhalt der getroffenen Vereinbarung alle mit der Beteiligung verbundenen wesentlichen Rechte (Vermögens- und Verwaltungsrechte, insbesondere Gewinnbezugs- und Stimmrechte) ausüben und im Konfliktfall effektiv durchsetzen kann (BFH-Urteil vom 26.08.2020, VI R 6/18; BFH/NV 2021, S. 311). Der BFH bestätigt damit die Verwaltungsauffassung, wonach wirtschaftliches Eigentum nicht unterstellt werden kann, wenn umfassende Verfügungsbeschränkungen (z. B. keine Stimm- und Dividendenbezugsrechte in Kombination mit einem Veräußerungsverbot) vereinbart wurden. In einem solchen Fall liegt Zufluss eines geldwerten Vorteils erst vor, wenn die Verfügungsbeschränkungen nicht mehr umfassend sind.

Beispiel: Unser Herr Ehrlich erhält von seinem Arbeitgeber im Dezember 2022 Belegschaftsaktien mit einem Kurswert von insgesamt 1.600 Euro.

Der geldwerte Vorteil ist im Dezember 2022 in Höhe von 1.440 Euro steuer- und sozialversicherungsfrei und in Höhe von 160 Euro steuer- und sozialversicherungspflichtig. In 2023 wäre dann der neue Freibetrag zu prüfen.

Sondervorschrift für Startup-Beteiligungen (§ 19a EStG)

In der Gründungs- und Wachstumsphase sind Startups oftmals nicht in der Lage, an ihre Mitarbeiterinnen und Mitarbeiter angemessene Vergütungen zu zahlen, da sie noch keine Gewinne erwirtschaften. Allerdings ist es in dieser Phase besonders wichtig, gut qualifiziertes und motiviertes Personal zu beschäftigen und zu halten. Hier kann der Gewährung von Mitarbeiterkapitalbeteiligungen eine besondere Bedeutung zukommen.

Mit dem in 2021 neu eingeführten § 19a EStG wird erreicht, dass nicht bereits im Zeitpunkt der Übertragung der Beteiligung auf die Arbeitnehmer Arbeitslohn zu versteuern ist, sondern erst zu einem späteren Zeitpunkt. Und zwar in der Regel im Zeitpunkt der Veräußerung, spätestens jedoch nach 12 Jahren oder bei einem Arbeitgeberwechsel. Hierdurch wird vermieden, dass die Übertragung der Beteiligung beim Arbeitnehmer zu einem steuerpflichtigen Sachbezug führt, ohne dass ihm liquide Mittel zugeflossen sind.

Die Nichtbesteuerung des Arbeitslohns bereits im Übertragungszeitpunkt führt nicht zu einem Systemwechsel in Bezug auf die Einkunftsart. Mit der Übertragung der Vermögensbeteiligung geht diese in das Privatvermögen des Arbeitnehmers über. Die Besteuerung von Ausschüttungen, Zinsen und Veräußerungsgewinnen richtet sich weiterhin nach den bekannten allgemeinen steuerlichen Grundsätzen. Daher liegen auch künftig Einkünfte aus Kapitalvermögen (§ 20 EStG) und bei wesentlichen Beteiligungen (Anteil mind. 1 %) Einkünfte aus Gewerbebetrieb (§ 17 EStG) vor.

Definition einer Startup-Beteiligung

Die neue Sondervorschrift gilt für Arbeitnehmer von Kleinstunternehmen sowie kleinen und mittleren Unternehmen (sog. KMU), deren Gründung nicht mehr als zwölf Jahre zurückliegt (§ 19a Abs. 3 EStG). Die Schwellenwerte nach dem Anhang der Empfehlung der Kommission vom 06.05.2003 zur Definition dieser Unternehmen dürfen dabei im Zeitpunkt der Übertragung oder im vorangegangenen Jahr nicht überschritten worden sein, damit eine Besteuerung des Vorteils aus der Übertragung einer Vermögensbeteiligung zunächst unterbleiben kann.

Es gelten folgende Schwellenwerte:

- KMU: weniger als 250 Mitarbeiter, Jahresumsatz höchstens 50 Mio. Euro oder Jahresbilanzsumme höchstens 43 Mio. Euro,

- Kleines Unternehmen: weniger als 50 Mitarbeiter, Jahresumsatz und Jahresbilanzsumme höchstens 10 Mio. Euro,
- Kleinstunternehmen: weniger als 10 Mitarbeiter, Jahresumsatz und Jahresbilanzsumme höchstens 2 Mio. Euro.

Werden einem Arbeitnehmer von seinem Arbeitgeber zusätzlich zum ohnehin geschuldeten Arbeitslohn Vermögensbeteiligungen am Unternehmen des Arbeitgebers unentgeltlich oder verbilligt übertragen, unterliegt der geldwerte Vorteil (= gemeiner Wert der Vermögensbeteiligung, ggf. abzüglich Freibetrag nach § 3 Nr. 39 EStG) im Kalenderjahr der Übertragung nicht einer Besteuerung als Arbeitslohn (§ 19a Abs. 1 Sätze 1 und 2 EStG). Vermögensbeteiligungen in diesem Sinne sind Aktien, Schuldverschreibungen, Genussscheine, Genossenschaftsanteile, GmbH-Beteiligungen, stille Beteiligungen, Darlehensforderungen und Genussrechte. Die Neuregelungen sind auch dann anwendbar, wenn die Vermögenbeteiligungen mittelbar über Personengesellschaften gehalten werden.

Die Sonderregelungen für Startup-Beteiligungen nach § 19a EStG sind – anders als § 3 Nr. 39 EStG – nur dann anwendbar, wenn die Vermögensbeteiligungen zusätzlich zum ohnehin geschuldeten Arbeitslohn gewährt werden. Sie finden daher bei Gehaltsumwandlungen keine Anwendung.

Die vorläufige Nichtbesteuerung bei Übertragung der Vermögensbeteiligung kann im Lohnsteuerabzugsverfahren nur mit Zustimmung des Arbeitnehmers angewendet werden. Eine Nachholung der vorläufigen Nichtbesteuerung im Einkommensteuer-Veranlagungsverfahren des jeweiligen Arbeitnehmers ist ausgeschlossen (§ 19a Abs. 2 EStG).

> **Praxistipp**
>
> Die neue Sonderschrift des § 19a EStG für Startup-Beteiligungen gilt nicht für sog. virtuelle Beteiligungen (z. B. Bonusversprechen, Virtual Stock Option Plans), die bereits nach der bisherigen Rechtslage „nachgelagert" besteuert werden. Allerdings kann sich aus der Ausübung einer Aktienoption und dem damit im Zusammenhang stehenden vergünstigten Bezug von Aktien ein steuerlich zu würdigender Tatbestand nach der neuen Sondervorschrift ergeben.

Sowohl bei handelbaren als auch bei nicht handelbaren Optionsrechten führt erst die Umwandlung des Rechts in Aktien zum Zufluss eines geldwerten Vorteils. Das Optionsrecht ist lediglich die Chance, am wirtschaftlichen Erfolg des Unternehmens teilzunehmen. Erst durch die Umwandlung des Rechts in Aktien wird ein geldwerter Vorteil auch realisiert.

Der Arbeitgeber kann zur Rechtssicherheit sowohl im Zeitpunkt der Übertragung der Vermögensbeteiligung als auch bei Eintritt der Besteuerungstatbestände eine lohnsteuerliche Anrufungsauskunft (§ 42e EStG) einholen. Die Bindungswirkung einer solchen Anrufungsauskunft erstreckt sich allerdings nicht auf das Einkommensteuer-Veranlagungsverfahren des Arbeitnehmers. Hieran hat sich durch die Einführung der besonderen Vorschrift des § 19a Abs. 5 EStG nichts geändert. Das Wohnsitzfinanzamt des Arbeitnehmers kann daher in diesem Veranlagungsverfahren eine andere Auffassung als das Betriebsstättenfinanzamt im Lohnsteuerabzugsverfahren vertreten (BFH-Urteil vom 17.10.2013, VI R 44/12, BStBl. 2014 II S. 892). Unterschiedliche Auffassungen können sich in der Praxis insbesondere hinsichtlich der Höhe des gemeinen Werts der Vermögensbeteiligung ergeben.

6.1.18 Parkplatzanmietung

Stellt der Arbeitgeber seinen Arbeitnehmern unentgeltlich Garagenplätze zur Verfügung, handelt es sich nach einem rechtskräftigen Urteil des FG Köln regelmäßig um steuerpflichtigen Arbeitslohn. In diesem Urteil wurde festgestellt, dass in der kostenlosen Parkmöglichkeit in erster Linie ein Bedürfnis des Arbeitnehmers und kein eigenbetriebliches Interesse zu sehen wäre.

Die Finanzverwaltung hält aber an der bisherigen lohnsteuerlichen Behandlung bei vom Arbeitgeber zur Verfügung gestellten Stellplätzen fest.

- Werden Stellplätze auf dem Betriebsgelände des Arbeitgebers überlassen, handelt es sich um eine Arbeitsbedingung. Die erbrachten Leistungen unterliegen weder der Lohnsteuer noch den Sozialabgaben.

- Werden Parkplätze auf angemieteten Flächen überlassen, liegt kein geldwerter Vorteil vor, wenn die Gestellung betrieblichen Erwägungen dient. Das ist eindeutig etwa bei konkret ausgewählten Mitarbeitern im Schichtdienst, Außendienstlern oder Arbeitnehmern mit Dienstzeiten außerhalb des Nahverkehrsangebots.

Allerdings Vorsicht: Keinesfalls darf eine Zuordnung der Parkplätze individuell zu einem Mitarbeiter erfolgen, auch nicht für eine Führungskraft oder den Geschäftsführer, es sei denn, diese haben einen Firmenwagen.

Grundsätzlich sind auch Mietzuschüsse für Firmenwageninhaber problemlos steuerfrei denkbar, da hier das betriebliche Interesse des Schutzes des Firmenwagens im Vordergrund steht. Die Erstattung von Parkplatzkosten am Wohnsitz des Arbeitnehmers für seinen eigenen Pkw gehört aber zum Arbeitslohn und damit entstünde hier ein geldwerter Vorteil.

Die Erstattung von Parkgebühren durch den Arbeitgeber wäre ebenfalls steuer- und sozialversicherungspflichtiger Arbeitslohn, wenn der Mitarbeiter damit beim Unternehmen parkt. Hier handelt es sich nicht um Werbungskosten. Dies gilt sogar dann, wenn der Angestellte den Wagen auch für Dienstreisen benötigt oder keine Firmenparkplätze zur Verfügung stehen. Allerdings kann der Arbeitgeber diesen Betrag pauschal mit 15 % versteuern, sofern die Erstattung nicht höher ist als die Entfernungspauschale des jeweiligen Mitarbeiters.

Wichtig!

Im Falle einer Entgeltumwandlung, in der der Arbeitgeber anstelle der anstehenden Gehaltserhöhung unentgeltlich einen Parkplatz zur Verfügung stellt, liegt kein geldwerter Vorteil vor. Das gilt auch dann, wenn der überlassene Parkplatz vom Arbeitgeber außerhalb des Betriebsgeländes angemietet ist.

6.1.19 Reisekosten

Prinzipiell unterscheidet man beim Begriff Reisekosten vier Gruppen von Ansätzen:

- Fahrtkosten,
- Reisenebenkosten,
- Übernachtungskosten,
- Verpflegungspauschalen.

Reisekosten können anlässlich einer Dienstreise erstattet werden. Eine solche liegt vor, wenn der Arbeitnehmer

- aus beruflichen Gründen,
- vorübergehend,
- außerhalb seiner Wohnung und seiner ersten Tätigkeitsstätte tätig ist.

6.1.19.1 Definition erste Tätigkeitsstätte und arbeitsvertragliche Regelungen

Zum 01.01.2014 wurde der Begriff der „ersten Tätigkeitsstätte" neu definiert. Als Grundsatz gilt: Es gibt je Arbeitsverhältnis höchstens eine erste Tätigkeitsstätte. Dabei muss es sich um eine ortsfeste, betriebliche Einrichtung des Arbeitgebers, eines verbundenen Unternehmens oder auch von Dritten handeln, an der der Arbeitnehmer mit dauerhafter Zuordnung tätig werden soll.

Im Umkehrschluss sind damit **keine** „erste Tätigkeitsstätte" beispielsweise:

- Fahrzeuge,
- Schiffe,
- Flugzeuge,
- weiträumige Arbeitsgebiete: Häfen, Wald,
- Homeoffice,
- Einrichtungen, an denen Mitarbeiter nicht „tätig" werden sollen, also nur etwas abholen.

Besondere Bedeutung erhält in dem Zusammenhang, dass auch Einrichtungen von Dritten zu einer ersten Tätigkeitsstätte werden können, sodass seit 01.01.2014 alle Mitarbeiter, die beim Kunden eingesetzt werden, dort eine erste Tätigkeitsstätte haben können. Dies führt z. B. zu einem Versteuerungsanspruch für Fahrten zwischen Wohnung und Tätigkeitsstätte bei Nutzung eines Firmenwagens oder aber zum Entfall von bisher gezahlten Reisekosten oder Verpflegungsmehraufwand.

Allerdings hat der Gesetzgeber einen gewissen Gestaltungsspielraum bei der Thematik eingeräumt. Zum einen muss die Zuordnung zu der ersten Tätigkeitsstätte dauerhaft erfolgen. Als dauerhaft gilt dabei ein Zeitfenster von 48 Monaten, welches immer zu Beginn eines Einsatzes prognostiziert werden darf.

Beispiel 1: Herr Ehrlich erhält einen unbefristeten Arbeitsvertrag bei Ihnen und startet in der Niederlassung München, soll aber 24 Monate am Standort Bremen tätig werden. Unter Betrachtung der Voraussetzungen für eine erste Tätigkeitsstätte ist Herr Ehrlich also weniger als 48 Monate in Bremen tätig. Es entsteht also keine erste Tätigkeitsstätte an diesem Standort.

Dies gilt auch, wenn Herr Ehrlich in Folge zu einer anderen Betriebsstätte in Hamburg versetzt wird, diesmal für 36 Monate. Auch hier erfolgt wieder die neue Überprüfung: Der Arbeitnehmer ist weniger als 48 Monate an dieser Betriebsstätte tätig. Es entsteht keine erste Tätigkeitsstätte.

Selbst wenn nach 40 Monaten festgestellt wird, dass der Einsatz in Hamburg weitere zwölf Monate andauern wird, liegt zwar insgesamt eine Verweildauer von 52 Monaten in Hamburg vor. Da die Prognose aber zu Beginn anders war und immer nur der Prognosezeitraum zu betrachten ist, entsteht auch hier keine erste Tätigkeitsstätte.

Praxistipp

Bei Verlängerung von Projekten erfolgt immer eine neue Prognose. Es erfolgt **keine** Addition der Zeiträume.

6 Entgeltgestaltung durch steuerliche und sozialversicherungsrechtliche Besonderheiten

Der Arbeitgeber kann also durch die Gestaltung im Arbeitsvertrag sehr stark beeinflussend wirken. Allerdings muss die Zuordnung immer für die Zukunft erfolgen und ist rückwirkend nicht möglich.

Liegt **keine** Zuordnung vor, entscheiden zeitliche Kriterien über die Zuordnung als erste Tätigkeitsstätte. Als solche gilt die Einrichtung, die der Arbeitnehmer

- arbeitstäglich,
- je Arbeitswoche für volle zwei Tage oder
- mindestens zu einem Drittel seiner vertraglich vereinbarten regelmäßigen Arbeitszeit

aufsucht.

> **Praxistipp**
>
> Eine „Negativ-Zuordnung" ist nicht zulässig, d. h. ein Hinweis im Vertrag, dass **keine** erste Tätigkeitsstätte vorliegt, ist nicht möglich. Dieser Sachverhalt kann sich nur aus den anderen Rahmenbedingungen ergeben.

Bei mehreren Tätigkeitsstätten gilt ebenso, dass die Festlegung der ersten Tätigkeitsstätte durch den Arbeitgeber erfolgt und maßgeblich ist. Erfolgt keine Bestimmung durch den Arbeitgeber oder ist diese nicht eindeutig, so ist für die Ermittlung der Entfernungspauschale oder für die Dienstwagenbesteuerung die nächste Tätigkeitsstätte zur Wohnung anzusetzen.

Beispiel 2: Herr Klug wird als Filialleiter bei Ihnen tätig und betreut fünf Filialen eines Unternehmens. Sie haben vertraglich keine Zuordnung als erste Tätigkeitsstätte vorgenommen. Herr Klug soll aufgrund der betrieblichen Anforderungen an allen Filialen einen Tag pro Woche tätig sein.

Da keine Zuordnung durch den Arbeitgeber erfolgt ist und es keinen quantitativ definierbaren zeitlichen Schwerpunkt gibt, hat Herr Klug keine erste Tätigkeitsstätte. Für ihn fällt also auch keine Besteuerung der Fahrten zwischen Wohnung und erster Tätigkeitsstätte für seinen eventuell vorhandenen Dienstwagen an.

Beispiel 3: Herr Klug hat sich bewährt und ist nun Vertriebsleiter und betreut drei Filialen Ihres Unternehmens. In seinem Vertrag wurde wieder keine erste Tätigkeitsstätte fixiert. Aufgenommen wurde aber, welche beiden Filialen er an zwei Tagen pro Woche aufsuchen soll.

Da keine Zuordnung durch den Arbeitgeber erfolgte, greifen die quantitativen Kriterien: Zwei Tätigkeitsstätten werden häufiger besucht. Als erste Tätigkeitsstätte gilt diejenige, die am dichtesten zur Wohnung von Herrn Klug liegt.

6.1.19.2 Arten von Reisekosten

In der Praxis unterscheiden sich verschiedene Arten von Reisekosten, die nebeneinander gewährt werden können:

Fahrtkosten: Umfassen die Erstattung von maximal 0,30 Euro pro gefahrenem Kilometer gegenüber dem Arbeitnehmer für die Nutzung seines privaten Pkw, wenn diese steuerfrei gewährt werden sollen.

Reisenebenkosten: Umfassen echte Aufwandsentschädigungen wie Maut, Parkgebühren, Koffergeld oder dergleichen. Diese Nebenkosten sind durch Belege nachzuweisen und können steuerfrei erstattet werden.

Übernachtungskosten: Können auf Nachweis (z. B. anhand einer vorgelegten Hotelrechnung) oder ohne Einzelnachweis pauschal mit maximal 20 Euro je Übernachtung erstattet werden.

Verpflegungspauschalen im Inland: Umfassen die Erstattungsmöglichkeiten bei betrieblicher Abwesenheit über bestimmte Zeiten hinaus. Bei Verpflegungspauschalen kommt häufig auch die Verbindung zur Mahlzeitengewährung auf. Hier gibt es steuerfreie und pauschalversteuerte Ansätze.

- Für eintägige Dienstreisen ohne Übernachtung und einer Abwesenheit von **mehr** als 8 Stunden können 14 Euro steuerfrei ersetzt werden.

- Bei mehrtägigen Dienstreisen mit Übernachtung, das heißt für Kalendertage, an denen Mitarbeiter 24 Stunden abwesend sind, kann eine Pauschale in Höhe von 28 Euro angesetzt werden.

- Als Vereinfachung gilt bei mehrtägigen Dienstreisen für den An- und Abreisetag ein Erstattungssatz von bis zu 14 Euro.

Darüber hinaus können Arbeitgeber die Verpflegungspauschalen jeweils verdoppeln und den doppelten Betrag mit 25 % steuerlich pauschaliert zur Auszahlung bringen, was zu Sozialversicherungsfreiheit führt. Für die Gewährung der Verpflegungspauschalen ist allerdings eine sog. Drei-Monatsfrist zu beachten. Nach drei Monaten ist die steuerfreie Zahlung an ein und denselben Einsatzort nicht mehr zulässig. Damit entfällt auch die Option der Pauschalbesteuerung. Allerdings kommt es bei einer vierwöchigen Unterbrechung – unabhängig vom Grund der Unterbrechung – zu einem Neubeginn der Dreimonatsfrist.

Verpflegungspauschalen im Ausland: Bei betrieblich und beruflich veranlassten Reisen ins Ausland gelten andere Sätze für die steuerfreie Erstattung von Verpflegungsmehraufwendungen. Diese sind abhängig vom Ziel der Geschäftsreise und wurden mit dem BMF-Schreiben IV C 5 – S 2353/19/10010 :004 vom 23.11.2022 ab dem 01.01.2023 angepasst.

Bei eintägigen Auslandsreisen ist die Pauschale des letzten Tätigkeitsortes im Ausland anzusetzen. Bei mehrtägigen Reisen in verschiedene Länder ist für den Ansatz der Pauschbeträge am An- und Abreisetag und an den Tagen mit 24 Stunden Abwesenheit Folgendes geregelt:

- Bei Anreise vom Inland in das Ausland oder vom Ausland in das Inland ohne Arbeitsaufnahme ist die Pauschale des Ortes anzusetzen, der vor 24 Uhr Ortszeit erreicht wird.

- Bei der Abreise vom Ausland in das Inland oder vom Inland in das Ausland kann die Pauschale des letzten Tätigkeitsortes steuerfrei erstattet werden.

- Für die Zwischentage ist in der Regel die Pauschale des Ortes maßgebend, den der Arbeitnehmer vor 24 Uhr Ortszeit erreicht.

Exkurs: Pauschbetrag für Berufskraftfahrer

Seit dem 01.01.2020 können Berufskraftfahrer Übernachtungspauschalen geltend machen. Das Gesetz ermöglicht Mitarbeitern, die einer mehrtägigen beruflichen Tätigkeit nachgehen, welche in Verbindung mit einer Übernachtung in einem Kraftfahrzeug des Arbeitgebers steht, 8 Euro pro Kalendertag geltend zu machen.

Dabei erfolgt die Pauschale anstelle der tatsächlichen Mehraufwendungen. Zu solchen Aufwendungen zählen Gebühren für die Benutzung von sanitären Einrichtungen auf Raststätten und Autohöfen, also beispielsweise die Nutzung von Toiletten und Dusch- bzw. Waschgelegenheiten.

Auf Basis des BMF-Schreibens vom 04.12.2012 bleibt weiterhin eine Geltendmachung von Aufwendungen, die 8 Euro nachweisbar übersteigen, möglich. Voraussetzung ist allerdings eine Entscheidung darüber, ob der Pauschbetrag oder die tatsächlichen Mehraufwendungen einheitlich im Kalenderjahr steuerfrei erstattet werden sollen. Generell sieht das BMF-Schreiben vom 25.11.2020 eine genaue Beschreibung aller denkbaren Reisekostenfälle mit zahlreichen Musterbeispielen vor.

6.1.20 Telefonkosten

6.1.20.1 Überlassung betrieblicher Telekommunikationsgeräte

„Die Privatnutzung betrieblicher ... Telekommunikationsgeräte durch den Arbeitnehmer ist unabhängig vom Verhältnis der beruflichen zur privaten Nutzung steuerfrei."

Beispiel 1: Der neu eingestellte Herr Ehrlich nutzt das ihm überlassene Firmen-Handy in ganz erheblichem Umfang für Privatgespräche.

Arbeitsrechtlich wäre dies selbstverständlich zu verurteilen und zu ahnden. Steuerrechtlich aber verbleibt die private Nutzung von betrieblichen Telekommunikationsgeräten gemäß § 3 Nr. 45 EStG steuer- und damit auch sozialversicherungsfrei.

In vielen Unternehmen werden Betriebsvereinbarungen oder betriebliche Regelungen dazu abgeschlossen, um diese private Nutzung nicht ausufern zu lassen. Arbeits- und datenschutzrechtlich steht das Thema damit auf einem anderen Blatt.

Steuerrechtlich können Arbeitgeber ihren Arbeitnehmern sogar einen betrieblichen Telefonanschluss in seinem privaten Umfeld einrichten. Beispielsweise wäre es für unseren baldigen zweifachen Vater Herrn Ehrlich sicherlich ein attraktives Angebot, wenn er – wenn der zweite Nachwuchs noch sehr klein ist – teils von zu Hause aus tätig werden kann. Der Arbeitgeber kann im gerade neu entstehenden Haus die Einrichtung des Telefonanschlusses auf seine Kosten übernehmen und Herr Ehrlich könnte diesen Telefonanschluss ohne jede Einschränkung privat nutzen.

Die Finanzverwaltung hat in R 3.45 Satz 5 LStR fixiert, dass bei der Überlassung betrieblicher Geräte auch die vom Arbeitgeber getragenen Verbindungsentgelte (Grundgebühr und sonstige laufende Kosten) steuerfrei sind, und zwar unabhängig davon, ob der Arbeitgeber Vertragspartner des Telefon- oder Mobilfunkanbieters ist. Ausschlaggebend bleibt also, dass es sich um einen betrieblichen Telefonanschluss handelt. Das heißt, das Telefon, Handy, Smartphone oder Faxgerät muss Eigentum des Arbeitgebers oder von ihm gemietet/geleast worden sein.

Praxistipp

Für die Nutzung des Vorsteuerabzugs ist es erforderlich, dass der Arbeitgeber als Vertragspartner des Mobilfunk- oder Telefonpartners eine Rechnung erhält, die auf das Unternehmen ausgestellt ist. Diese Grundlagen gelten immer auch für die jeweilige Internetnutzung.

Beispiel 2: Frau Frohsinn verbringt den Großteil ihrer Arbeitszeit mit der Beobachtung von privaten Onlineversteigerungen mittels ihres mit einem Internetanschluss versehenen Büro-PCs. Dieses arbeitsrechtlich absolut zweifelhafte Verhalten ist lohnsteuerlich völlig unproblematisch. Es entsteht kein geldwerter Vorteil, der dem Mitarbeiter belastet werden müsste.

Anders sieht dies bei der Übereignung eines solchen Gegenstandes aus, also wenn der Mitarbeiter der Eigentümer wird. Diese Situation werden wir im Kapitel „Computer – Übereignung an Mitarbeiter" erläutern.

6.1.20.2 Abrechnung der Telefonkosten von privaten Telefongeräten

Gemäß § 3 Nr. 50 EStG kann der Arbeitgeber die Kosten der vom privaten Telefon des Mitarbeiters geführten beruflich veranlassten Telefonate sowie die Kosten für die betrieblich veranlasste Internetnutzung erstatten.

Auslagenersatz aufgrund Einzelnachweises

Kann ein Mitarbeiter die Kosten für die beruflichen Gespräche im Einzelnen nachweisen, können neben den anteiligen laufenden auch die anteiligen Grundkosten anhand von Rechnungen und monatlichen Belegen des Telefonanbieters Erstattung finden.

Im Zeitalter von Flatrates wird sich dieser Nachweis allerdings immer schwieriger erstellen lassen und Ihr Mitarbeiter müsste hier selbst aufzeichnen, wann er berufliche Nutzungen vorgenommen hat. Dies wird sich in der Praxis kaum umsetzen lassen. Daher hat der Gesetzgeber hier zwei Vereinfachungen zugelassen.

1. Vereinfachte Nachweisführung

   Arbeitgeber können sich von ihren Mitarbeitern über drei Monate (dies gilt als repräsentativer Zeitraum) eine genaue Aufstellung des Anteils der beruflichen Nutzung privater Telekommunikationsgeräte vorlegen lassen. Dies dürfte auch bei Einsatz einer Flatrate für den Arbeitnehmer zumutbar sein, da er als „Belohnung" die Gelder ja weiterhin steuer- und beitragsfrei erstattet bekommt. Arbeitgeber dürfen die aus diesem Zeitraum ermittelten Zuschüsse nämlich bis zu einer wesentlichen Änderung der Verhältnisse fortführen.

> **Praxistipp**
>
> Die Belege des Dreimonatszeitraums müssen unbedingt in die Personalakte des Mitarbeiters Aufnahme finden.

2. Kleinbetragsregelung

    Wem auch dies zu komplex ist, der kann die sog. Kleinbetragsregelung anwenden. Diese lässt eine steuerfreie pauschale Erstattung unabhängig vom Umfang der beruflichen Nutzung zu. Grundsatz ist, dass der Arbeitgeber bis zu 20 % des vom Arbeitnehmer vorgelegten Rechnungsbetrags – höchstens jedoch 20 Euro monatlich – steuerfrei ersetzen kann, wenn der Mitarbeiter aufgrund seiner Aufgabenstellung erfahrungsgemäß beruflich telefonieren muss. Für diese Regelung sind die monatlichen Rechnungen wieder für einen Drei-Monatszeitraum aufzubewahren. Der steuerfreie Ersatz ist ohne weitere Prüfung auch hier bis zu einer Änderung der Verhältnisse – z. B. aufgrund geänderter Berufstätigkeit – möglich.

Gemäß R 3.45 Satz 6 LStR kommt es für die Steuerfreiheit nicht darauf an, ob die Vorteile zusätzlich zum ohnehin geschuldeten Arbeitslohn oder aufgrund einer Vereinbarung mit dem Arbeitgeber über die Herabsetzung von Arbeitslohn erbracht werden.

6.1.21 Umzugskosten

Wenn ein beruflich veranlasster Umzug vorliegt, kann der Arbeitgeber dem Arbeitnehmer Umzugskosten in Höhe des Betrags steuerfrei ersetzen, der nach dem Bundesumzugskostenrecht gezahlt werden könnte.

Damit der Arbeitgeber die Umzugskosten steuerfrei ersetzen kann, muss

- der Umzug beruflich veranlasst sein,
- die durch den Umzug entstandenen Aufwendungen dürfen nicht überschritten werden und
- die höchstmögliche Umzugskostenvergütung nach dem Bundesumzugskostengesetz darf nicht überschritten werden.

Ein Umzug ist beruflich veranlasst,

- wenn er durch die erstmalige Aufnahme einer beruflichen Tätigkeit, durch einen Wechsel des Arbeitgebers oder durch eine Versetzung bedingt ist;
- wenn durch ihn eine erhebliche Verkürzung der Entfernung zwischen Wohnung und Arbeitsstätte eintritt;
- wenn er im ganz überwiegenden betrieblichen Interesse des Arbeitgebers durchgeführt wird, insbesondere beim Beziehen und Räumen einer Dienstwohnung, die aus betrieblichen Gründen bestimmten Arbeitnehmern vorbehalten ist für die Gewährung deren jederzeitiger Einsatzmöglichkeiten;
- wenn der eigene Hausstand zur Beendigung einer doppelten Haushaltsführung an den Beschäftigungsort verlegt wird (die Wegverlegung gilt nicht als beruflich veranlasst, R 9.11 Abs. 9 Satz 4 LStR).

Arbeitnehmer erhalten eine Pauschvergütung für sonstige Umzugsauslagen, die nachfolgend aufgelistet ist. Die Auslagen für einen durch den Umzug bedingten zusätzlichen Unterricht der Kinder dürfen ebenfalls in einer bestimmten Höhe pro Kind pauschal erstattet werden.

Umzugstermin	Betrag für Ledige	Betrag für Verheiratete, Lebenspartner und Gleichgestellte	Betrag für Kinder und andere Personen (zur häuslichen Gemeinschaft gehörend; mit Ausnahme des Ehegatten oder Lebenspartners)	Auslagen für einen durch den Umzug bedingten zusätzlichen Unterricht der Kinder (Betrag für ein Kind)
ab 06/2020	860 Euro	1.433 Euro	573 Euro	1.146 Euro
ab 04/2021	870 Euro	1.450 Euro	580 Euro	1.160 Euro
ab 04/2022	886 Euro	1.476 Euro	590 Euro	1.181 Euro

Generell sind die Möglichkeiten zur steuerfreien Unterstützung von Umzügen sehr umfangreich in Deutschland, wenn es sich tatsächlich um betrieblich veranlasste Umzüge handelt.

Wohnungskosten in der Umzugsphase

Im Bereich Wohnungskosten kommen vor allem die Fälle doppelte Mietzahlungen und die Kosten für eine Zwischenunterkunft in Betracht.

- Doppelte Mietzahlungen

  Der Arbeitgeber kann die Miete (inkl. Garagenmiete) für die alte Wohnung bis zu dem Zeitpunkt, zu dem das Mietverhältnis frühestens gekündigt werden kann, höchstens jedoch für sechs Monate, steuerfrei erstatten, wenn der Arbeitnehmer gleichzeitig Miete für die neue Wohnung entrichtet und diese bereits bewohnt (§ 8 Abs. 1 BUKG).

Der Arbeitgeber kann die Miete (inkl. Garagenmiete) für die neue Wohnung bis zu drei Monate steuerfrei erstatten, wenn noch Miete für die alte Wohnung gezahlt wird, weil die neue Wohnung noch nicht bezugsfertig ist (§ 8 Abs. 2 BUKG).

- Kosten für eine Zwischenunterkunft

  Häufig ist bei internationalen Mitarbeiterentsendungen eine Zwischenunterkunft vor Bezug der eigentlichen Wohnung nötig, da diese erst nach Ankunft im Tätigkeitsstaat ausgewählt oder bezugsfertig wird.

Wurde der eigene Hausstand bereits aufgegeben und ist eine neue Wohnung am Beschäftigungsort noch nicht vorhanden, stellt die Zwischenunterkunft (z. B. Hotel) die einzige Wohnung des Arbeitnehmers dar. Die Überlassung durch den Arbeitgeber bzw. die Erstattung der Kosten ist in diesem Fall grundsätzlich nur steuerpflichtig möglich. Denn eine doppelte Haushaltsführung liegt dann nicht vor. Eine steuerfreie Erstattung käme allenfalls in Betracht, solange die bisherige Wohnung noch nicht aufgegeben wurde. In diesem Fall könnte die Zwischenunterkunft nach Dienstreisegrundsätzen oder im Rahmen einer doppelten Haushaltsführung steuerfrei erstattet werden.

Die folgende Übersicht fasst die Kosten für steuerfreie Umzugskostenerstattungen im Inland zusammen.

- Beförderungsauslagen (Spediteur etc.) und Lagerkosten
- laut Belegen
- Fahrtkosten mit eigenem Pkw (... km x 0,30 Euro)
- Reisekosten

- Wohnungssuche bzw. -besichtigung, Schlüsselübergabe: **höchstens zwei Reise- und zwei** Aufenthaltstage je Reise für zwei Reisen einer Person oder eine Reise zweier Personen (auch bei vergeblicher Suche)
  - Verpflegungsmehraufwand
  - Übernachtung (nach Einzelnachweis oder pauschal mit 20 Euro pro Nacht)
  - Fahrtkosten (... km x 0,30 Euro)
- Aufwendungen zur Vorbereitung und Vornahme des Umzugs
  - Verpflegungsmehraufwand
  - Übernachtung
  - Fahrtkosten (... km x 0,30 Euro)

Praxistipp

Arbeitgeber sollten sich die Angaben, aus denen sich die Reisekosten ermitteln lassen, schriftlich vom Arbeitnehmer geben lassen und diese zu den Lohnunterlagen nehmen.

- Sonstige Kosten der Wohnungssuche
  - Maklerkosten für Mietobjekt (nicht erstattungsfähig für Vermittlung von Hauskauf oder Eigentumswohnung)
  - Inseratsaufwendungen und Telefonkosten
  - Aufwendungen für die Weitervermietung der bisherigen Wohnung an einen Nachmieter – bis zu einer Monatsmiete

> **Praxistipp**
>
> Rechnungen sollten hier immer zu den Lohnunterlagen abgelegt werden.

Auslandsumzüge

Wenn ein beruflich veranlasster Auslandsumzug vorliegt, kann der Arbeitgeber dem Arbeitnehmer Umzugskosten in Höhe des Betrags steuerfrei ersetzen, der nach der Auslandsumzugskostenverordnung (Verordnung über die Umzugskostenvergütung bei Auslandsumzügen) gezahlt werden könnte.

§ 18 Auslandsumzugskostenverordnung regelt die Umzugspauschale. Dabei wird nach Auslandsumzügen innerhalb der Europäischen Union und Auslandsumzügen außerhalb der Europäischen Union unterschieden. Für die Höhe wird Bezug genommen auf das Grundgehalt der Stufe 8 der Besoldungsgruppe A13. Da Beamte regelmäßig eine Lohnerhöhung bekommen, gibt es entsprechende Änderungen.

§ 19 Auslandsumzugskostenverordnung regelt die Ausstattungspauschale.

§ 20 Auslandsumzugskostenverordnung regelt die Einrichtungspauschale.

Es gibt sogar eine Pauschale für klimagerechte Kleidung **(§ 21 Auslandsumzugskostenverordnung)**. Diese wird bei einem Klima gewährt, das vom mitteleuropäischen Klima erheblich abweicht.

Die Auslagen für einen durch den Umzug bedingten zusätzlichen Unterricht der Kinder sind in **§ 22 Auslandsumzugskostenverordnung** geregelt.

6.1.22 Weiterbildungsmaßnahmen

Die Arbeitswelt wandelt sich rapide, die Geschwindigkeit von Innovationen nimmt zu. Produkte und neue Technologien werden immer schneller eingeführt. Märkte und Kundenwünsche verändern sich. In vielen Branchen ist Fachwissen schon innerhalb kürzester Zeit überholt. Das heißt für Arbeitnehmerinnen und Arbeitnehmer, sie müssen ihre Kompetenzen und Qualifikationen ständig weiterentwickeln und sich schnell neues Wissen aneignen.

Für die Zukunft des Unternehmens vorzubeugen heißt, betriebsspezifisches Fach- und Erfahrungswissen zu sichern und dafür zu sorgen, dass es zwischen den Generationen und an neue Beschäftigte weitergegeben wird. Die dafür notwendigen Fort- und Weiterbildungsmaßnahmen können Arbeitnehmern steuerfrei ohne Begrenzung gewährt werden.

Vielfach mag dies nicht als Besonderheit angesehen werden. Oftmals werden aber gerade Weiterbildungsmaßnahmen nicht ausreichend gefördert und können daher eine große Wirkung in der Klaviatur der Bindungsmittel besitzen. Gerade für Mitarbeiter, die erst den Einstieg in das Berufsleben suchen, kann dies eine große Motivation sein. Auch sollte nicht unterschätzt werden, welche Bedeutung kleinere Weiterbildungen wie die Aktualisierung der Excel-Kenntnisse oder ein Word-Kurs entfalten können. Neben der Bedeutung für den beruflichen Alltag des Mitarbeiters beschleunigen solche Maßnahmen oftmals auch dessen Arbeitstempo und kommen daher allen Beteiligten zugute.

Diese berufliche Weiterbildung wird steuerlich weiter entlastet. Bislang waren nur Weiterbildungen an den Arbeitnehmer steuerfrei, sofern der betriebliche Nutzen des Arbeitgebers im Fokus stand. Seit dem 01.01.2019 bleiben auch Weiterbildungen, die nicht arbeitsplatzbezogen sind, aber im Allgemeinen zur Verbesserung der Beschäftigungsfähigkeit des Mitarbeiters beitragen, steuerfrei.

Bereits zum 01.01.2019 wurde mit dem „Gesetz zur Stärkung der Chancen für Qualifizierung und für mehr Schutz in der Arbeitslosenversicherung" die Weiterbildungsförderung durch die Bundesagentur für Arbeit verbessert. Weiterbildungen, die Fertigkeiten, Kenntnisse und Fähigkeiten vermitteln, die über eine arbeitsplatzbezogene Fortbildung hinausgehen, werden im Rahmen des § 82 SGB III gefördert.

Das Gesetz spricht von Weiterbildungsleistungen des Arbeitgebers. Begünstigt sind damit lediglich Arbeitnehmer, nicht aber z. B. selbstständige Handelsvertreter eines Unternehmens. Die Leistungen muss der (eigene) Arbeitgeber gewähren; bei Leiharbeitnehmern ist das somit der Verleiher.

Ziel der Förderung muss die Weiterbildung von Arbeitnehmern sein, deren Arbeitsplatz durch Technologie ersetzt wird oder die in anderer Weise von einem Strukturwandel betroffen sind oder die Weiterbildung in einem Engpassberuf. Weiterbildungsmaßnahmen von Arbeitnehmern in Betrieben mit weniger als 250 Beschäftigten werden gefördert, wenn der Arbeitnehmer mindestens 45 Jahre alt oder schwerbehindert ist. Ausgeschlossen von der Förderung ist die Teilnahme an Maßnahmen, zu deren Durchführung der Arbeitgeber aufgrund bundes- oder landesrechtlicher Regelungen verpflichtet ist.

Voraussetzung für die Förderung ist ein angemessener Arbeitgeberbeitrag zu den Lehrgangskosten, der sich nach der Betriebsgröße auf Grundlage der Beschäftigtenzahl richtet. Dieser Arbeitgeberbeitrag wird steuerfrei gestellt. Der Gesetzgeber geht davon aus, dass ein ganz überwiegend eigenbetriebliches Interesse vorliegt, wenn der Arbeitgeber solche Bildungsmaßnahmen finanziert, sodass die gesetzliche Regelung für Rechtssicherheit sorgen sollte.

§ 3 Nr. 19 EStG stellt darüber hinaus Weiterbildungsleistungen des Arbeitgebers steuerfrei, die der Verbesserung der Beschäftigungsfähigkeit des Arbeitnehmers dienen. Für diese ist keine Beteiligung der Bundesagentur für Arbeit notwendig.

Nach der Gesetzesbegründung gilt die Steuerfreiheit z. B. für Sprach- oder Computerkurse, die nicht arbeitsplatzbezogen sind, aber eine Anpassung der beruflichen Kompetenzen des Arbeitnehmers ermöglichen – und ihn somit befähigen, berufliche Herausforderungen besser zu bewältigen.

Die Weiterbildung darf keinen überwiegenden Belohnungscharakter haben. Unter diesem Ziel „Förderung der Beschäftigungsfähigkeit" könnte man auch ein „Fitmachen für den Arbeitsmarkt" verstehen.

6 Entgeltgestaltung durch steuerliche und sozialversicherungsrechtliche Besonderheiten

Exkurs: Outplacement

Solche Trainings werden häufig im Rahmen von Outplacement-Beratungen durchgeführt. Outplacement-Beratungen dienen dazu, Arbeitnehmer, deren Arbeitsplatz bedroht ist oder die bereits einen Aufhebungsvertrag unterschrieben haben, bei der Suche nach einem neuen Arbeitsplatz zu unterstützen. Im Regelfall werden hierzu die berufliche und private Situation des Arbeitnehmers und seine beruflichen Perspektiven analysiert. Dabei wird ein Qualifikationsprofil erstellt und ggf. weiterer Fortbildungsbedarf identifiziert.

Der Arbeitnehmer wird auch bei der Bewerbung für einen neuen Arbeitsplatz (Erarbeitung der Bewerbungsunterlagen, Vorbereitung von Bewerbungsgesprächen) und ggf. in Bezug auf den neuen Arbeitsvertrag unterstützt. Die Beratung kann als Einzelberatung oder als Gruppen-Outplacement stattfinden. Arbeitgeber bieten solche Leistungen neben einer finanziellen Abfindung oft Arbeitnehmern an, die im Zuge von Restrukturierungs- oder Sanierungsmaßnahmen aus dem Unternehmen ausscheiden müssen.

Mit dem Jahressteuergesetz 2020 wurden rückwirkend ab 2020 Outplacement-Beratungen grundsätzlich steuerfrei gestellt unabhängig davon, ob es sich um eine individuelle oder pauschale Beratung aller Arbeitnehmer handelt. Es kommt also nicht mehr auf das betriebliche Interesse als Voraussetzung an.

Voraussetzungen für die Steuerbefreiung sind nunmehr:

- Es handelt sich um Maßnahmen, die eine Anpassung und Fortentwicklung der beruflichen Kompetenzen i. S. d. § 82 Abs. 1 und 2 SGB III ermöglichen, oder

- die Maßnahme dient der Verbesserung der Beschäftigungsfähigkeit des Arbeitnehmers und

- die steuerfreien Leistungen dürfen darüber hinaus keinen überwiegenden Belohnungscharakter haben.

6.1.23 Werbeflächenvermietung auf privaten Pkws

Mit dem Begriff der „Werbeflächenvermietung" bringen viele Mitarbeiter große Beklebungen auf den Seiten ihres Autos in Verbindung und stehen diesen Maßnahmen daher erst einmal wenig positiv gegenüber. In der Vergangenheit war es oftmals ausreichend, auf dem privaten Pkw auf der Rückseite neben dem Nummernschild Aufkleber mit der Firmenbezeichnung des Arbeitgebers anzubringen. Diese Regelung ermöglichte es, den Mitarbeitern monatlich einen Zuschuss von bis zu 21 Euro netto zukommen zu lassen. Dies erforderte neben der Bereitschaft des Mitarbeiters eine vertragliche Regelung mit diesem und konnte dann aber ohne größere Vorlaufzeiten umgesetzt werden.

Die Finanzämter stehen diesen Ansätzen zunehmend negativ gegenüber und sehen darin keine steuerfreien Maßnahmen mehr, da die werbliche Wirkung mit einem solchen Aufkleber nicht wirklich nachweisbar erzielt werden kann und insbesondere der sog. Drittvergleich hier fehlt, d. h. das Angebot wird nur den Arbeitnehmern des Unternehmens unterbreitet, nicht aber Fremden Dritten, die keinen Bezug zum Unternehmen aufbringen. Zweite Herausforderung war hier oftmals die Wahl der Werbeträger, da Mitarbeiter nicht immer werbewirksame Autos fuhren, z. B. einen Luxus-Pkw oder aber im Gegenzug ein rostiger Pkw wären evtl. Ansätze, die ein Unternehmen nicht als werbliche Objekte nutzen möchte, um keine Interpretation zum Unternehmen aufkommen zu lassen.

Praxistipp

Wir würden von der Anwendung dieses Ansatzes dringend abraten.

Rechtlich ist nach wie vor als Grundlage der Abschluss eines sog. Werbeflächenmietvertrages nötig, da die Thematik eigentlich nicht aus dem Lohnsteuer-Umfeld kommt. Generell sollte diese Maßnahme nicht mehr in Anwendung gebracht werden oder nur bei Vorlage einer aktuellen Stellungnahme des zuständigen Betriebsstättenfinanzamtes. Hauptproblem an dieser Thematik ist, dass eine Anrufungsauskunft hier nur begrenzt zielführend ist: die meisten Finanzämter sahen diesen Themenblock bis dato im Bereich der Vermietung und Verpachtung und nicht im Lohnbereich. Damit erhält man im Rahmen einer Anrufungsauskunft oft die Stellungnahme, dass das Finanzamt für das Thema nicht zuständig ist, also weder eine offizielle Genehmigung noch Ablehnung.

6.1.24 Werkzeuggelder

Unter Werkzeuggeld versteht man Entschädigungen für die betriebliche Benutzung von eigenen Werkzeugen eines Arbeitnehmers, z. B. eines Kochs für die Nutzung seiner eigenen Messer, oder eines Friseurs für den Erwerb einer neuen Schere.

Der Begriff „Werkzeug" wird eng ausgelegt. Als Werkzeuge werden nur Handwerkszeuge angesehen, die verwendet werden zur

- leichteren Handhabung,
- Herstellung oder
- Bearbeitung eines Gegenstands.

Dabei gibt es Handwerkzeuge,

- die direkt von Hand geführt werden, wie Hammer, Zange und Säge, sowie
- Maschinenwerkzeuge, die in einer Werkzeugmaschine eingespannt werden, wie Bohrer, Fräser und Drehstahl.

Musikinstrumente und deren Einzelteile gehören ebenso wie Computer und Laptops o. ä. **nicht** dazu.

Betriebliche Nutzung liegt auch dann vor, wenn die Werkzeuge im Rahmen des Dienstverhältnisses außerhalb einer Betriebsstätte des Arbeitgebers eingesetzt werden, z. B. auf einer Baustelle. Ohne Einzelnachweis sind pauschale Entschädigungen für die betriebliche Benutzung eigenen Werkzeugs des Arbeitnehmers regelmäßig Arbeitslohn. Ausnahmsweise kann pauschaler Auslagenersatz steuerfrei bleiben, wenn er regelmäßig wiederkehrt und der Arbeitnehmer die entstandenen Aufwendungen für einen repräsentativen Zeitraum von 3 Monaten im Einzelnen nachweist.

6.1.25 Wohnungsüberlassung

Seit dem 01.01.2020 muss unter bestimmten Voraussetzungen kein geldwerter Vorteil mehr bei der verbilligten Überlassung von Wohnungen an Arbeitnehmer angesetzt werden. Bei der verbilligten oder kostenlosen Überlassung einer Wohnung handelt es sich grundsätzlich um einen geldwerten Vorteil (Sachbezug), der dem Lohnsteuerabzug unterliegt. Ist der Arbeitnehmer sozialversicherungspflichtig, fallen zusätzlich Arbeitnehmer- und Arbeitgeberanteile zur Sozialversicherung an.

Der steuerpflichtige geldwerte Vorteil aus der Überlassung einer Wohnung ist mit dem „um übliche Preisnachlässe geminderten üblichen Endpreis", also dem ortsüblichen Mietpreis, zu bewerten (§ 8 Abs. 2 Satz 1 EStG). Nach der Rechtsprechung des BFH ist jeder Mietwert als ortsüblich anzusehen, den der Mietspiegel im Rahmen einer Spanne zwischen mehreren Mietwerten für vergleichbare Wohnungen ausweist (BFH-Urteil vom 11.05.2011, Az. VI R 65/09). Der Arbeitgeber darf den Vergleichswert also anhand der unteren Spanne des Mietspiegels ermitteln.

Mit dem neuen Bewertungsabschlag in § 8 Abs. 2 Satz 12 EStG unterbleibt seit dem 01.01.2020 der Ansatz eines Sachbezugs, soweit die vom Arbeitnehmer gezahlte „Miete" mindestens zwei Drittel des ortsüblichen Mietwerts beträgt. Weitere Voraussetzung ist, dass der ortsübliche Mietwert nicht mehr als 25 Euro je Quadratmeter ohne umlagefähige Kosten im Sinne der Verordnung über die Aufstellung von Betriebskosten beträgt.

Ermittlung des geldwerten Vorteils

Ausgangsgröße für die Ermittlung des geldwerten Vorteils „Wohnungsüberlassung" sind seit 2020 2/3 des ortsüblichen Mietwerts. Zahlt der Arbeitnehmer weniger, wirkt der Abschlag von 1/3 wie ein Freibetrag. Lohnsteuerpflichtig ist nur noch die Differenz zwischen dem vom Arbeitnehmer tatsächlich gezahlten Mietentgelt und der sich nach Abzug des Bewertungsabschlags ergebenden Vergleichsmiete. Um die steuerlich begünstigte Vermietung von Luxuswohnungen auszuschließen, ist die auf 2/3 des ortsüblichen Mietwerts gekürzte Bemessungsgrundlage für Kaltmieten von mehr 25 Euro/m^2 nicht anwendbar. Die gesetzlich festgelegte Mietobergrenze bezieht sich auf die ortsübliche Miete ohne Betriebskosten.

> **Hinweis**
>
> Da es in der Sozialversicherungsentgeltverordnung dazu keine Regelung gab, blieb der geldwerte Vorteil in der Sozialversicherung erst einmal beitragspflichtig. Dies wurde so auch durch die Spitzenorganisationen in der Sozialversicherung, Besprechungsergebnis vom 20.11.2019, TOP 4 bestätigt.
>
> Seit 2021 bleibt der Bewertungsabschlag aber nun auch gemäß Sozialversicherungsentgeltverordnung beitragsfrei (§ 2 Abs. 4 Satz 1 SvEV).

Kriterium „Überlassung einer Wohnung"

§ 8 Abs. 2 Satz 12 EStG verlangt, dass der Arbeitgeber dem Arbeitnehmer eine Wohnung zu eigenen Wohnzwecken überlässt. Begünstigt ist folglich nur die Überlassung einer Wohnung, nicht aber einer Unterkunft.

Eine Wohnung ist eine geschlossene Einheit von Räumen, in denen ein selbstständiger Haushalt geführt werden kann. Es müssen vorhanden sein

- eine Wasserver- und -entsorgung,
- eine Küche oder entsprechende Kochgelegenheit und
- eine Toilette (R 8.1 Abs. 6 LStR).

Eine Wohnung unterscheidet sich von einer Unterkunft dadurch, dass bei einer Unterkunft Räume wie Küchen, Toiletten und Bäder von anderen Personen mitbenutzt werden können (Gemeinschaftsküchen, Etagenbäder in Wohnheimen).

Der Arbeitgeber muss nicht der Eigentümer der Wohnung sein. Es reicht, wenn er die Wohnung angemietet hat oder wenn ihm die Wohnungen aufgrund von Belegungsrechten zur Verfügung stehen, und er sie verbilligt an Mitarbeiter vermietet.

Kriterium „verbilligte Überlassung"

Der Arbeitgeber muss die Wohnung verbilligt überlassen. Zu billig vermieten darf er aber auch nicht. Damit der Arbeitnehmer den geldwerten Vorteil nicht mehr versteuern muss, muss der Arbeitgeber ein Entgelt von mindestens zwei Drittel des ortsüblichen Mietwerts (inkl. umlagefähiger Kosten) verlangen.

Der Bewertungsabschlag beträgt also ein Drittel vom ortsüblichen Mietwert (z. B. der niedrigste Mietwert der Mietpreisspanne des Mietspiegels für vergleichbare Wohnungen zuzüglich der nach der BetrKV umlagefähigen Kosten, die konkret auf die überlassene Wohnung entfallen). Die nach Anwendung des Bewertungsabschlags ermittelte Vergleichsmiete ist Bemessungsgrundlage für die Bewertung der Mietvorteile. Das vom Arbeitnehmer tatsächlich gezahlte Entgelt (tatsächlich erhobene Miete und tatsächlich abgerechnete Nebenkosten) für die Wohnung ist auf den Mietvorteil anzurechnen.

> **Wichtig!**
>
> Bei möblierten Wohnungen lässt sich der ortsübliche Mietwert oft nur schwer ermitteln, da Mietspiegel im Regelfall nur unmöblierte Wohnungen enthalten.

6.2 Pauschalbesteuerte Lohnbestandteile

6.2.1 Computer & Co. – Übereignung an Mitarbeiter

Schenkt das Unternehmen seinem Mitarbeiter einen PC, ist dies im Gegensatz zur (leihweisen) Überlassung nicht steuerfrei möglich. Der entstehende geldwerte Vorteil kann aber mit 25 % pauschal versteuert werden, sofern Datenverarbeitungsgeräte wie z. B. Laptop, Smartphone, Tablet, PC zusätzlich zum ohnehin geschuldeten Arbeitslohn übereignet werden. Die Lohnsteuerpauschalierung mit 25 % gilt – anders als die Steuerfreiheit nach § 3 Nr. 45 EStG – nur für Vorteile aus der Übereignung von Datenverarbeitungsgeräten, wenn diese zusätzlich zum ohnehin geschuldeten Arbeitslohn gewährt werden. Macht der Arbeitgeber von der Lohnsteuerpauschalierung Gebrauch, sind die geldwerten Vorteile nicht der Sozialversicherungspflicht unterworfen.

Pauschalierungsfähig ist aber nicht nur die Übereignung von Hardware, auch technisches Zubehör und Software, die dem Arbeitnehmer übertragen werden, können pauschal versteuert werden. Dies gilt unabhängig davon, ob die Übereignung als Erstausstattung oder als Ergänzung, Aktualisierung bzw. Austausch bereits vorhandener Bestandteile erfolgt. Die Pauschalierung ist auch dann möglich, wenn der Arbeitgeber ausschließlich technisches Zubehör oder Software übereignet.

Typische Beispiele für die Pauschalbesteuerung sind die Übereignung von PCs, Laptops, Notebooks oder Tablets inkl. Zubehör (z. B. externe Festplatte, Datenträger, Monitor, Drucker und Scanner), Smartphones, betriebliche System- und Anwendungsprogramme.

Der zu pauschalierende Wert bestimmt sich dabei i. d. R. nach dem um die üblichen Preisnachlässe geminderten üblichen Endpreis am Abgabeort im Zeitpunkt der Abgabe. Aus Vereinfachungsgründen kann der Wert auch mit 96 % des Endpreises bewertet werden, zu dem sie der Abgebende oder dessen Abnehmer fremden Letztverbrauchern im allgemeinen Geschäftsverkehr anbietet. Dies gilt nicht, wenn als Endpreis der günstigste Preis am Markt – also ein Preis aus der Internetrecherche – angesetzt wird. Hier gelten die gleichen Regelungen wie bei den Sachbezügen.

6.2.2 Erholungsbeihilfen

Zuwendungen zu Erholungsreisen oder Erholungsaufenthalten zur Kräftigung oder Erhaltung der Gesundheit im Allgemeinen sind steuerpflichtiger Arbeitslohn. Dieser kann aber mit einem festen Pauschsteuersatz von 25 % pauschaliert werden. Ein besonderer Antrag des Arbeitgebers beim Finanzamt ist hierfür nicht erforderlich. Zusätzlich zur Lohnsteuer fällt der Solidaritätszuschlag an, der 5,5 % der pauschalen Lohnsteuer beträgt. Außerdem muss der Arbeitgeber pauschale Kirchensteuer abführen.

Es ist für die Pauschalierung nicht erforderlich, dass Erholungsbeihilfen einer größeren Zahl von Arbeitnehmern gewährt werden. Der Arbeitgeber kann also die Lohnsteuer auch dann mit 25 % pauschalieren, wenn er nur einem Arbeitnehmer – z. B. einem leitenden Angestellten – eine Erholungsbeihilfe zahlt. Voraussetzung für die Pauschalierung ist allerdings, dass die Beihilfen insgesamt in einem Kalenderjahr 156 Euro für den einzelnen Arbeitnehmer, 104 Euro für dessen Ehegatten/eingetragenen Lebenspartner und 52 Euro für jedes Kind nicht übersteigen. Geschieht dies doch, werden die Erholungsbeihilfen in vollem Umfang steuer- und sozialversicherungsbeitragspflichtig.

Die mit dem festen Pauschsteuersatz von 25 % besteuerten Erholungsbeihilfen sind beitragsfrei in der Kranken-, Pflege-, Renten- und Arbeitslosenversicherung.

Ist ein Ehepaar bei demselben Arbeitgeber beschäftigt, werden die Freigrenzen jeweils pro Arbeitnehmer einzeln geprüft.

> **Wichtig!**
> Für die Leistung von Erholungsbeihilfen wird kein echter Nachweis eines Kuraufenthaltes benötigt. Es ist aber sicherzustellen, dass die Erholungsbeihilfe auch tatsächlich für Erholungszwecke verwendet wird. Dieses Ansinnen unterstützt der Gesetzgeber, wenn die Erholungsbeihilfe in zeitlichem Zusammenhang mit einer Erholungsmaßnahme, also z. B. Urlaub geleistet wird. Ein zeitlicher Zusammenhang besteht, wenn der Urlaub binnen drei Monaten vor oder nach der Auszahlung der Erholungsbeihilfe angetreten wird. Dabei ist unerheblich, ob der Urlaub im Ausland oder zu Hause verbracht wird.

Im Vorstellungsgespräch könnte also der Arbeitgeber unserem potenziellen Kandidaten Herrn Ehrlich Folgendes anbieten: Er erhält neben seinen festen verhandelten Bezügen jährlich im Sommer eine Erholungsbeihilfe in Höhe von 312 Euro, die sich wie folgt zusammensetzt:

- 156 Euro für Herrn Ehrlich,
- 104 Euro für seine Gattin,
- 52 Euro für jedes seiner Kinder.

Die Pauschalierung übernimmt der Arbeitgeber, da diesen eine Bruttozahlung dieses Betrages auch mit ca. 20 % Sozialversicherungskostenanteile belasten würde. Herr Ehrlich erhält dieses Geld also netto ausgezahlt.

6.2.3 Fahrtkostenzuschüsse

Neben den steuerfreien Fahrtkosten für öffentliche Verkehrsmittel können Aufwendungen des Arbeitnehmers für sonstige Verkehrsmittel insbesondere für Fahrten mit dem eigenen Pkw erstattet werden. Hier liegt steuerpflichtiger Arbeitslohn vor, der weiterhin mit 15 % Pauschalversteuerung angesetzt werden kann, wenn der Fahrtkostenzuschuss den Vorgaben des Werbekostenabzuges entspricht. Für die Ermittlung der pauschalierungsfähigen Fahrtkostenzuschüsse gilt folgende Faustformel bei Vollbeschäftigung:

15 Tage x Anzahl einfache Kilometer von Wohnort zur Tätigkeitsstätte x 0,30 Euro

Für den Zeitraum vom 01.01.2021 bis 31.12.2026 gilt ein erhöhter pauschalierbarer Betrag ab dem 21. Kilometer, welcher in zwei Stufen angehoben werden sollte, die nun eine zeitliche Verkürzung erfahren haben und rückwirkend zum 01.01.2022 bereits auf 0,38 Euro angehoben wurden.

- 01.01.2021 – 31.12.2021:

    0,35 Euro pro gefahrenen Kilometer

- 01.01.2022 – 31.12.2026:

    0,38 Euro pro gefahrenen Kilometer

Hinweis

Der erhöhte Erstattungsbetrag gilt erst ab dem 21. Kilometer, d. h. für die ersten 20 Kilometer sind weiterhin maximal 0,30 Euro pro Kilometer pauschalierungsfähig.

6 Entgeltgestaltung durch steuerliche und sozialversicherungsrechtliche Besonderheiten

Beispiel: Herr Klug wohnt 40 Kilometer von Ihrem Unternehmen und damit seiner eventuellen neuen Tätigkeitsstätte entfernt. Sie zahlen Herrn Klug einen monatlichen Fahrtkostenzuschuss in Höhe von 210 Euro. Wie ist nun der Fahrtkostenzuschuss in den oben benannten Zeiträumen steuerlich zu bewerten?

- Im **Jahr 2020** waren maximal 180 Euro Fahrtkostenzuschuss pauschalierbar:

  15 Tage x 40 km x 0,30 Euro = 180 Euro

  Die restlichen 30 Euro (210 Euro – 180 Euro) müssen individuell versteuert werden.

- Im **Jahr 2021** sind maximal 195 Euro Fahrtkostenzuschuss pauschalierbar:

  15 Tage x 20 km x 0,30 Euro = 90 Euro

  15 Tage x 20 km x 0,35 Euro = 105 Euro

  Die restlichen 15 Euro (210 Euro – 195 Euro) müssen individuell versteuert werden.

- In den **Jahren 2022 bis 2026** sind maximal 204 Euro Fahrtkostenzuschuss pauschalierbar:

  15 Tage x 20 km x 0,30 Euro = 90 Euro

  15 Tage x 20 km x 0,38 Euro = 114 Euro

  Die restlichen 6 Euro (210 Euro – 204 Euro) müssen individuell versteuert werden.

Im Rahmen der Pauschalierung sind hier einige weitere „Spielmöglichkeiten" denkbar. Der Arbeitgeber könnte Herrn Klug die pauschalierungsfähigen Fahrtkosten netto überlassen und die Pauschalsteuer selbst abführen. Alternativ könnten die Pauschalsteueranteile auf Herrn Klug „abgewälzt" werden. Herr Klug müsste aus den 195 Euro bei Bruttogewährung Lohnsteuer entsprechend der Lohnsteuertabellen und darüber hinaus Sozialversicherungsanteile in Höhe von ca. 20 %, also 39 Euro zahlen. Bei Abwälzung der Pauschalsteuer auf ihn entfiele die „normale" Lohnsteuer und die Sozialversicherung und Herr Klug hätte die pauschale Lohnsteuer in Höhe von 33,20 Euro zu zahlen, die sich wie folgt ermittelt:

195 Euro, davon 15 % Pauschalsteuer = 29,25 Euro, davon

5,5 % Soli-Zuschlag = 1,61 Euro und

8 % Kirchensteuer = 2,34 Euro.

Denkbar wäre auch die Anwendung der pauschalierten Kirchensteuersätze, die ja reduziert sind und vom jeweiligen Wohnort/ Bundesland des Mitarbeiters abhängig sind. Herr Klug würde also selbst bei der Abwälzung der Pauschalsteuer davon profitieren und der Arbeitgeber ebenfalls.

> **Praxistipp**
>
> Da die tatsächlichen Fahrtkosten für öffentliche Verkehrsmittel grundsätzlich in voller Höhe als Werbungskosten abziehbar sind, können sie in voller Höhe pauschaliert werden. Dafür müssen dann aber die entsprechenden Nachweise zum Lohnkonto genommen werden.

Seit dem 01.01.2020 gibt es eine weitere Pauschalierungsmethode für Job-Tickets, bei der keine Anrechnung auf die Entfernungspauschale erfolgt. Nach § 40 Abs. 2 Satz 2 und 3 EStG können Job-Tickets alternativ mit 25 % pauschal besteuert werden. Die pauschal besteuerten Bezüge verbleiben damit sozialversicherungsfrei. Hintergrund hierfür ist, dass Mitarbeiter ein Job-Ticket beziehen können, ohne einen steuerlichen Nachteil beim Werbungskostenabzug zu spüren. Dies soll dazu führen,

6 Entgeltgestaltung durch steuerliche und sozialversicherungsrechtliche Besonderheiten

dass vor allem Mitarbeiter, die öffentliche Verkehrsmittel eher selten nutzen, ihr Mobilitätsverhalten überdenken und somit vom Auto zu Bus und Bahn wechseln.

Für Mitarbeiter erschließt sich also durch die neue Festlegung eine Minimierung ihrer steuerlichen Nachteile. Doch auf Arbeitgeberseite steht ein höherer finanzieller Aufwand entgegen, was nicht unbedingt zur eigentlichen Zielerreichung beiträgt. Viele werden vermutlich weiterhin die steuerfreie Gewährung eines Job-Tickets bevorzugen, da dieses finanziell günstiger für den Arbeitgeber erscheint.

6.2.4 Firmenwagen zur privaten Nutzung

Grundsätzlich sind Firmenwagen lange Jahre den Führungskräften vorbehalten gewesen, da sie innerhalb des Unternehmens auch als eine Art Statussymbol galten. Wer einen Firmenwagen vom Arbeitgeber erhielt, der war „etwas Besonderes". Dieses Bild verschwimmt heute immer mehr, da die Überlassung eines Firmenwagens in ganz besonderer Weise dazu geeignet ist, einen Mitarbeiter zu binden.

Kehren wir zurück zu unserer Bewerberin Frau Frohsinn, die sich bis dato noch kein eigenes Auto leisten konnte und auch jetzt nicht die Möglichkeit hat, einen Gebrauchtwagen zu erwerben, da ihr das dazu nötige Startkapital fehlt. Ein Leasingvertrag wäre eventuell eine Option, aber Frau Frohsinn schreckt vor der Schufa-Prüfung zurück.

Sie erhält von ihrem Arbeitgeber folgendes Angebot: Neben einem Monatseinkommen von Betrag X erhält sie die Möglichkeit, über die Firma ein Auto zu leasen. Der Leasingvertrag läuft über den Arbeitgeber. Frau Frohsinn zahlt die Leasingraten aus ihrem Bruttoentgelt an den Arbeitgeber und versteuert dafür den Firmenwagen.

Dabei gibt es zwei Möglichkeiten der steuerlichen Bewertung:

- die individuelle Nutzungswertermittlung (Fahrtenbuch, Belege) und
- die pauschale Nutzungswertermittlung (1 %-Regelung).

> **Praxistipp**
>
> Die Bewertungsmethode darf innerhalb eines laufenden Kalenderjahres nicht gewechselt werden. Der Arbeitnehmer kann im Veranlagungsverfahren (Einkommensteuererklärung) die vom Lohnsteuerabzugsverfahren abweichende Methode ansetzen.
>
> Aufgrund der Entwicklungen im Rahmen der Corona-Krise wurden viele geldwerte Vorteile aufgrund von Aufenthalt im Homeoffice gestoppt. Dies wäre aber aufgrund der Wahloption nur einmal jährlich nicht zulässig gewesen. Die Finanzverwaltung erlaubte hier rückwirkend eine Änderung der Wahloption ab Jahresbeginn, sodass diese Fälle also für 2022 noch korrigiert werden können. Hierauf gehen wir später noch im Detail ein.

6.2.4.1 Individuelle Nutzungswertermittlung

Bei der individuellen Nutzungswertermittlung werden die auf private Nutzung und die Nutzung zu Fahrten zwischen Wohnung und erster Tätigkeitsstätte entfallenden gesamten Kraftfahrzeugaufwendungen anhand der Belege und eines ordnungsgemäßen Fahrtenbuchs zu den übrigen Fahrten ins Verhältnis gesetzt.

Zu den Gesamtkosten zählen:

- Treibstoff-, Reparatur-, Ersatzteil-, Wartungs- und Pflegekosten inkl. Umsatzsteuer,
- Versicherung,
- Kfz-Steuer,
- Absetzung für Abnutzung (AfA) (anzusetzen sind die tatsächlichen Anschaffungskosten inkl. Umsatzsteuer verteilt auf acht Jahre, bei Gebrauchtwagen entsprechend weniger) bzw.
- Leasingrate.

Nicht zu den Gesamtkosten zählen Straßenbenutzungsgebühren (Vignetten, Maut) sowie die Kosten für den Kfz-Schutzbrief.

Größte Bedeutung kommt allerdings bei diesem Verfahren der ordnungsgemäßen Führung des Fahrtenbuches zu. Ein ordnungsgemäßes Fahrtenbuch muss folgende Details enthalten:

- Datum und km-Stand zu Beginn und am Ende jeder einzelnen Auswärtstätigkeit (z. B. Dienstreise),
- Reiseziel und bei Umwegen auch die Reiseroute,
- Reisezweck und aufgesuchte Geschäftspartner.

Es bestehen zwar gewisse gesetzliche Aufzeichnungserleichterungen. Diese sind aber den Privatfahrten (nur gefahrene km sind anzugeben) sowie den Fahrten zwischen Wohnung – erster Tätigkeitsstätte vorbehalten bzw. gelten nur für besondere Berufsgruppen, z. B. Kundendienstmonteure, Taxifahrer, Fahrlehrer, sicherheitsgefährdete Personen oder Berufsträger (Rechtsanwälte, Steuerberater).

> **Hinweis**
>
> Der Begriff „Buch" ist wörtlich zu nehmen. Einzelblätter werden von den Finanzbehörden nicht anerkannt. Auch elektronische Aufzeichnungen müssen mit einer App oder einem System geführt werden, das keine nachträglichen Änderungen mehr an den Eintragungen zulässt bzw. diese Änderungen dokumentiert.
>
> Ein Fahrtenbuch darf dabei nie auf einen repräsentativen Zeitraum beschränkt werden. Es muss **lückenlos** und **zeitnah** geführt werden, d. h. der Arbeitgeber sollte sich die Fahrtenbücher immer zeitnah vorlegen lassen.

Beispiel individuelle Nutzungswertermittlung:

Ein Arbeitgeber bezahlt für einen Firmenwagen 28.000 Euro inkl. MwSt und überlässt diesen einem Mitarbeiter auch zur privaten Nutzung.

Der Arbeitnehmer weist anhand eines ordnungsgemäßen Fahrtenbuchs nach, dass er im Jahr 2022 insgesamt 25.000 km gefahren ist, wovon 4.800 km auf private Fahrten und weitere 4.800 km (tatsächlich gefahrene km) auf Fahrten zwischen Wohnung und erster Tätigkeitsstätte entfallen.

Der Pkw verursachte im Jahr 2022 belegte Kosten für Versicherung, Kfz-Steuer, Kraftstoffe und Wartungsarbeiten von insgesamt 4.500 Euro inkl. MwSt.

Ermittlung der Gesamtkosten pro km:

AfA: 28.000 Euro : 8 Jahre =	3.500 Euro
Treibstoff, Versicherung etc. =	4.500 Euro
	8.000 Euro

8.000 Euro : 25.000 km = 0,32 Euro/km

Ermittlung des zu versteuernden Betrages:

Privatfahrten: 4.800 km x 0,32 Euro =	1.536 Euro
Fahrten W-T: 4.800 km x 0,32 Euro =	1.536 Euro
	3.072 Euro

3.072 Euro : 12 Monate = 256 Euro GWV pro Monat

Problematisch ist dabei, dass die Gesamtkosten erst nach Ablauf des Jahres in tatsächlicher Höhe feststehen. Daher ist es sinnvoll, die Werte des Vorjahres oder 1 % des Bruttolistenpreises für die laufende Abrechnung zugrunde zu legen und erst nach Vorlage aller Angaben diese zu berichtigen.

Diese Methode birgt aber aufgrund des Überwachungsaufwandes der Fahrtenbücher, der durchzuführenden Berechnungen sowie der Nachberechnungen für das Unternehmen einen gewissen zeitlichen Aufwand und aufgrund des Risikos der Nicht-Anerkennung der Fahrtenbücher eine weitere unsichere Komponente und ist in der Praxis daher nicht einfach umzusetzen. Wir würden daher aus der Erfahrung heraus eher die pauschale Nutzungswertermittlung empfehlen.

6.2.4.2 Pauschale Nutzungswertermittlung

Da die pauschale Nutzungswertermittlung keine Fahrtenbuchführung benötigt und die Ermittlung der Gesamtkosten entfällt, ist diese wesentlich einfacher umzusetzen.

Das Steuerrecht unterscheidet dabei vier verschiedene Sätze für die Ermittlung des geldwerten Vorteils aus der Privatnutzung von Firmen-Pkw:

- 1 % für Privatnutzung,
- 0,03 % für Fahrten Wohnung – Tätigkeitsstätte,
- 0,002 % für Familienheimfahrten/mehrere Tätigkeitsstätten,
- 0,001 % für gelegentliche Nutzung.

Dabei beziehen sich die Prozentsätze jeweils auf den sog. Bruttolistenpreis (BLP), also die auf volle 100 Euro der nach unten abgerundeten inländischen unverbindlichen Preisempfehlung des Herstellers für das genutzte Kfz im Zeitpunkt der Erstzulassung zzgl. der Kosten für Sonderausstattungen und zzgl. der Umsatzsteuer.

Praxistipp

Auch für gebrauchte Fahrzeuge muss der Neupreis bei der Ermittlung des geldwerten Vorteils angesetzt werden.

Herausgerechnet werden dürfen aus dem Bruttolistenpreis ausschließlich folgende Bestandteile:

- Wert eines Autotelefons einschl. Freispracheinrichtung,
- Wert eines zweiten Satzes Reifen einschl. Felgen,
- Überführungskosten,
- Zulassungskosten (Verwaltungsgebühren, Nummernschilder, Kosten für Kfz-Brief).

Nicht herausgerechnet werden dürfen

- (Großkunden-)Rabatte/Mengennachlässe,
- Aufwendungen für Diebstahlsicherungssysteme,
- Navigationsgeräte,
- Standheizungen, wenn nicht nachträglich eingebaut.

Beispiel Fahrzeugrechnung pauschaler Ansatz:

Pkw	19.990,00 Euro
Klimaautomatik	1.230,00 Euro
Businesspaket (inkl. Navi)	3.200,00 Euro
Alarmanlage	990,00 Euro
Handyvorbereitung	380,00 Euro
	25.790,00 Euro
- 17 % Großkundenrabatt	4.384,30 Euro
	21.405,70 Euro
+ 19 % MwSt	4.067,08 Euro
Gesamtpreis	25.472,78 Euro

Der Bruttolistenpreis berechnet sich daraus wie folgt:

	25.790,00 Euro
- Handy-Vorbereitung	380,00 Euro
	25.410,00 Euro
+ 19 % MwSt	4.827,90 Euro
	30.237,90 Euro

Anzusetzen sind also 30.200 Euro (auf volle 100 Euro abgerundet).

> **Praxistipp**
>
> In den aktuellen Lohnsteuerprüfungen lassen sich die Steuerprüfer die Fahrgestellnummern der Firmenwägen mitteilen. Daher sollten diese Daten immer mit dem Firmenwagen erfasst werden. Anhand dieser Werte kann seitens des Finanzamtes eine genaue Zuordnung des Bruttolistenpreises bzw. dessen Überprüfung vorgenommen werden. Der Prüfer schaut sich in der gängigen Schwacke-Liste den Preis des Firmenwagens an und gleicht ab, ob der angewandte Bruttolistenpreis hier überhaupt seine Richtigkeit entfalten kann.

6.2.4.2.1 Private Nutzung nach der 1 %-Methode

Der geldwerte Vorteil aus der Privatnutzung eines Firmen-Pkw ist für jeden Kalendermonat der Privatnutzung mit 1 % des Bruttolistenpreises zu versteuern.

Beispiel: BLP 29.400 Euro x 1 % = 294 Euro GWV monatlich

Kürzungen der Werte, z. B.

- wegen einer Werbebeschriftung des Pkws,
- wegen eines privaten Zweitfahrzeugs des Arbeitnehmers,
- wegen Übernahme der Treibstoffkosten,
- wegen einer eingeschränkten Privatnutzung (z. B. Verbot von Auslands- und/oder Urlaubsfahrten),
- wegen einer sehr geringen Privatnutzung

sind **nicht** zulässig.

> **Hinweis**
>
> Auch ein Fahrzeug aus der Firmenflotte oder ein Mietwagen, der einem Arbeitnehmer zur privaten Nutzung überlassen wird (z. B. sog. „Interimsfahrzeuge"), muss versteuert werden. Den Bruttolistenpreis erhält man auf Anforderung von der Mietwagengesellschaft.

Kein geldwerter Vorteil fällt hingegen an, wenn ein Arbeitnehmer einen Mietwagen mit nach Hause nimmt, um unmittelbar von dort aus eine Dienstreise zu beginnen oder zu beenden.

Mit der 1 %-Methode sind sämtliche Privatfahrten, auch private Urlaubsfahrten, abgegolten. Ausgenommen davon sind privat veranlasste Parkgebühren, privat veranlasste Straßenbenutzungsgebühren wie Maut, Vignetten etc. sowie privat veranlasste Fähr- oder Autoreisezuggebühren und die Kosten eines auf den Mitarbeiter ausgestellten Kfz-Schutzbriefs. Ebenfalls nicht abgegolten ist der Verzicht des Arbeitgebers auf Ersatz eines alkoholbedingten Schadens. Sollte der Arbeitgeber diese Kosten übernehmen, sind diese durch den Arbeitgeber separat als zusätzlicher geldwerter Vorteil zu versteuern.

> **Praxistipp**
>
> Ist dem Arbeitnehmer die Privatnutzung des Firmen-Pkw arbeitsrechtlich verboten, war dies in der Vergangenheit steuerlich nur zu beachten, wenn der Arbeitgeber das Nutzungsverbot überwacht hat (beispielsweise durch eine dokumentierte, stichprobenartige Überprüfung des Fahrtenbuchs) oder wenn die Privatnutzung des Wagens durch die Umstände des Einzelfalls so gut wie ausgeschlossen waren (z. B. weil das Fahrzeug nach der Nutzung immer auf dem Hof des Arbeitgebers abgestellt und die Schlüssel abgegeben wurden). Ein arbeitsrechtliches, nicht überwachtes Nutzungsverbot ist neuerdings ausreichend, so die Rechtsprechung.

6.2.4.2.2 Fahrten zwischen Wohnung und erster Tätigkeitsstätte – 0,03 %-Regelung

Firmen-Pkw werden den Mitarbeitern im Regelfall nicht nur für die generellen betrieblichen Fahrten zur Verfügung gestellt. Der Mitarbeiter kann seinen Firmenwagen im Regelfall auch für Fahrten zwischen Wohnung und erster Tätigkeitsstätte nutzen. Selbst wenn die private Nutzung ansonsten untersagt ist, ist eine Freigabe für die Fahrten zwischen Wohnung und erster Tätigkeitsstätte denkbar und unterliegt dann der Versteuerung. Jeder Kilometer der Entfernung zwischen Wohnung und erster Tätigkeitsstätte ist dann mit 0,03 % des Bruttolistenpreises des Pkw zu versteuern.

Hinweis

Bei manchen Beschäftigungsverhältnissen muss zunächst geprüft werden, ob überhaupt ein geldwerter Vorteil für Fahrten zwischen Wohnung und Tätigkeitsstätte entsteht. So hat das BMF in seinem Schreiben vom 03.03.2022 geregelt, dass kein geldwerter Vorteil für eine Überlassung eines betrieblichen Fahrzeugs bei Bereitschaftsdiensten, beispielsweise in Versorgungsunternehmen oder bei der freiwilligen Feuerwehr, vorliegt.

Beispiel 1: Einfache Entfernung Wohnung – erste Tätigkeitsstätte: 11 km

Bruttolistenpreis: 29.400 Euro

Der geldwerte Vorteil ermittelt sich dabei wie folgt:

29.400 Euro x 0,03 % x 11 km = 97,02 Euro

Praxistipp

Maßgeblich ist die kürzeste, benutzbare Straßenverbindung. Diese ist auf den nächsten vollen km-Betrag **abzurunden**.

Auf die Anzahl der tatsächlich durchgeführten Fahrten Wohnung – erste Tätigkeitsstätte kommt es nicht an. Entscheidend ist, dass der Mitarbeiter den Firmen-Pkw zu Fahrten zwischen Wohnung – erster Tätigkeitsstätte nutzen kann. Allerdings erkennt die Finanzverwaltung bei doppelter Haushaltsführung an, dass die Entfernung zur Zweitwohnung zugrunde gelegt werden kann. Für diese zeitlich weniger beachtlichen Fahrten kann dann die sog. 0,002 %-Regelung für die Zwischenheimfahrten Anwendung finden.

Bei der Versteuerung der Fahrten Wohnung – erste Tätigkeitsstätte nach der 0,03 %-Methode können diese gleichzeitig in der Höhe, in der sie für den Arbeitnehmer Werbungskosten darstellen, mit 15 % pauschalversteuert werden. Dies mindert die Versteuerung nach der 0,03 %-Methode.

Beispiel 2: Einfache Entfernung Wohnung - Tätigkeitsstätte: 10 km

Bruttolistenpreis: 29.400 Euro

0,03 %-Methode:

29.400 Euro x 0,03 % x 10 km =	88,20 Euro
./. Pauschalversteuerung:	
10 km x 0,30 Euro x 15 Arbeitstage =	45,00 Euro
Geldwerter Vorteil	43,20 Euro

Praxistipp

Die Monatswerte nach der 1 %- und 0,03 %-Methode sind auch dann anzusetzen, wenn der Firmenwagen dem Mitarbeiter im Kalendermonat nur zeitweise zur Verfügung steht.

Beispiel 3: Herr Klug übernimmt erstmals einen Firmenwagen am Dienstag, den 28.03.2023. Für den Monat März wären dann die vollen Monatswerte zu versteuern.

Es kann also durchaus Sinn machen, bei erstmaliger Gestellung eines Firmen-Pkws die Übergabe um einige Tage in den nächsten Monat zu verschieben.

6 Entgeltgestaltung durch steuerliche und sozialversicherungsrechtliche Besonderheiten

Bei untermonatigem Fahrzeugwechsel ist der geldwerte Vorteil des überwiegend genutzten Fahrzeugs zugrunde zu legen.

Beispiel 4: Herr Ehrlich wurde bisher ein Firmenwagen auch zur privaten Nutzung überlassen. Am 22.04.2023 erhält er einen neuen Firmen-Pkw. Auch diesen darf er privat nutzen.

Für den Monat April ist der GWV aus dem Bruttolistenpreis des alten Fahrzeugs zu ermitteln, da dieser überwiegend genutzt wurde. Im Mai errechnet sich der GWV aus dem des neuen Fahrzeugs.

Ausnahme: Nur für volle Kalendermonate, in denen dem Arbeitnehmer kein Firmen-Pkw zur Verfügung steht, darf mit der Versteuerung ausgesetzt werden. Dies gilt auch für die Versteuerung Fahrten Wohnung und erste Tätigkeitsstätte.

Beispiel 5: Herr Ehrlich wird im Rahmen eines Projektes für sechs Wochen in den USA tätig. Da seine Ehefrau über einen eigenen Pkw verfügt, stellt er den Firmen-Pkw am 23.10.2022 auf dem Firmengelände ab und übergibt die Fahrzeugpapiere und -schlüssel gegen Unterschrift an den Fuhrpark. Nach Rückkehr am 10.12.2022 nimmt er den Firmen-Pkw wieder in Empfang.

Für den Monat November kann unter dieser Konstellation mit der Versteuerung ausgesetzt werden.

6 Entgeltgestaltung durch steuerliche und sozialversicherungsrechtliche Besonderheiten

Praxistipps

- Zur Ermittlung der Entfernung zwischen Wohnung – erster Tätigkeitsstätte kann ein Routenplaner mit der Einstellung: „kürzeste Strecke" genutzt werden. Ein Ausdruck davon sollte dann zu den Lohnunterlagen genommen werden.

- Versetzungen und Anschriftenänderungen eines Firmen-Pkw-Inhabers müssen immer zum Anlass genommen werden, die Versteuerung der Fahrten Wohnung – erste Tätigkeitsstätte anzupassen.

- Der Arbeitnehmer kann die Fahrten Wohnung – erste Tätigkeitsstätte im Rahmen seiner Einkommensteuerveranlagung als Werbungskosten steuermindernd geltend machen.

- Eine Kürzung der Entfernungskilometer ist (nur) dann möglich, wenn der Arbeitnehmer nachweislich über eine Jahreskarte der Bahn für die restliche Teilstrecke verfügt.

Zahlt der Mitarbeiter an den Arbeitgeber ein Nutzungsentgelt, mindert dies den privaten Nutzungswert. Dies gilt bei

- Monats- und km-Pauschale,
- laufender oder einmaliger Zuzahlung (z. B. Eigenbeteiligung des Arbeitnehmers wegen höherwertiger Ausstattung),
- individueller und pauschaler Nutzungswertermittlung.

Praxistipp

Die frühere Beschränkung der Anrechenbarkeit auf das Jahr der Zuzahlung ist entfallen. Das BMF-Schreiben vom 03.03.2022 stellt klar, dass Zuzahlungen ohne vertragliche Vereinbarungen hinsichtlich des Zuzahlungszeitraums nicht nur im Zahlungsjahr, sondern auch in den darauffolgenden Jahren bis auf 0 angerechnet werden können. Zuzahlungen mit Vereinbarung dagegen sind bezogen auf den festgelegten Zeitraum gleichmäßig zu verteilen.

Beispiel 6: Der Bruttolistenpreis des neuen Firmenwagens von Herrn Klug beläuft sich auf 29.482 Euro.

Die einfache Entfernung zwischen Wohnung und erster Tätigkeitsstätte beträgt laut Routenplaner für die kürzeste Strecke 11 km.

Herr Klug leistet eine Zuzahlung zum Firmenwagen in Höhe von monatlich 300 Euro. Der zu versteuernde geldwerte Vorteil wäre dann wie folgt zu ermitteln:

29.400 Euro x 1 %	= 294,00 Euro
29.400 Euro x 0,03 % x 11 km	= 97,02 Euro
	391,02 Euro
./. Zuzahlung AN	300,00 Euro
	91,02 Euro

Beispiel 7: Herr Ehrlich erhält einen Firmen-Pkw im Wert von Bruttolistenpreis 30.099 Euro ab Juli 2022. Die einfache Entfernung Wohnung – erste Tätigkeitsstätte beläuft sich bei ihm derzeit auf 10 km.

Er leistet eine Zuzahlung im Juli 2022 in Höhe von einmalig 3.000 Euro.

Sein geldwerter Vorteil ermittelt sich dann wie folgt:

30.000 Euro x 1 %	= 300 Euro
30.000 Euro x 0,03 % x 10 km	= 90 Euro
	390 Euro

Unter Anrechenbarkeit der Zuzahlung hat Herr Ehrlich damit von Juli 2022 – Januar 2023 keinen geldwerten Vorteil zu versteuern. Im Februar 2023 entsteht ein geldwerter Vorteil von (3.000 Euro abzgl. 7 Monate x 390 Euro =) 270 Euro. Ab März 2023 ist dann der volle geldwerte Vorteil von 390 Euro zu versteuern.

Praxistipp

Zuzahlungen eines Mitarbeiters, die höher sind als der entstandene geldwerte Vorteil, sind weder Werbungskosten noch negativer Arbeitslohn. Die Übertragung auf ein anderes Fahrzeug ist ebenfalls nicht zulässig. Denkbar wäre aber die Nutzung der Bruttoentgeltumwandlung.

Praxistipp

Zahlt der Mitarbeiter nachträglich eine einmalige Eigenbeteiligung (weil er sich bspw. nachträglich auf eigene Kosten eine Anhängerkupplung einbauen lässt), erhöht diese ab diesem Zeitpunkt den Bruttolistenpreis und somit die zu versteuernden geldwerten Vorteile. Die einmalige Zuzahlung kann jedoch beim geldwerten Vorteil „gegengerechnet" werden.

Zuschussrückzahlungen des Arbeitgebers an den Mitarbeiter sind Arbeitslohn, soweit die Zuschüsse den privaten Nutzungswert gemindert haben.

Beispiel 8: Herr Klug leistete zu den Anschaffungskosten seines Firmen-Pkw (30.099 Euro) eine Zuzahlung in Höhe von 3.000 Euro, die komplett auf den GWV angerechnet werden konnte.

Nach vier Jahren verkauft der Arbeitgeber den Pkw und erzielt hierfür 15.000 Euro. Der Arbeitgeber erstattet dem Arbeitnehmer daraufhin die seinerzeit getätigte Zuzahlung wertanteilig mit 1.500 Euro. Diese Erstattung ist steuerpflichtiger Arbeitslohn.

6.2.4.2.3 Pauschale Nutzungswertermittlung 0,002 % – geringere Nutzung des Firmenwagens oder Ansatz bei Familienheimfahrten

Geldwerte Vorteile für die Fahrten zwischen Wohnung und erster Tätigkeitsstätte können bei geringer Nutzung nach den tatsächlich durchgeführten Fahrten ermittelt werden. Dabei erfolgt die Einzelbewertung der tatsächlichen Fahrten mit 0,002 % des Listenpreises. Als Nachweis hat der Arbeitnehmer gegenüber dem Arbeitgeber kalendermonatlich schriftlich zu erklären, an welchen Tagen (mit Datumsangabe) er das Firmenfahrzeug tatsächlich für Fahrten zwischen Wohnung und Tätigkeitsstätte genutzt hat. Die bloße Angabe der Anzahl der Tage reicht nicht aus.

Die Anwendung dieser Methode wurde mit der vermehrten Nutzung des Homeoffice interessant, das vielen Arbeitnehmern seit Corona ermöglich wird, mehr dazu im Exkurs.

Sie findet auch bei doppelter Haushaltsführung Ansatz: Wird der Firmen-Pkw im Rahmen einer doppelten Haushaltsführung zu mehr als einer Familienheimfahrt wöchentlich genutzt, so ist für jede dieser zusätzlichen Fahrten ein geldwerter Vorteil in Höhe von 0,002 % des Bruttolistenpreises für jeden Entfernungskilometer zwischen dem Beschäftigungsort und dem Erstwohnsitz anzusetzen.

Beispiel 1: Herr Ehrlich arbeitet in Stuttgart und wohnt in München. In Stuttgart bewohnt er ein möbliertes Zimmer. Jedes Wochenende fährt er mit dem Firmen-Pkw (Bruttolistenpreis 30.087 Euro) zurück nach München (einfache Strecke 200 km).

Ein geldwerter Vorteil ist nicht zu versteuern, da eine Familienheimfahrt pro Woche frei ist.

Vorsicht: Dies gilt nur für die Lohnsteuer. Umsatzsteuer ist auch für die steuerfreien Familienheimfahrten zu ermitteln und abzuführen.

Beispiel 2: Wie Beispiel 1, jedoch fährt Herr Ehrlich zweimal pro Woche nach Hause.

Jede zweite Fahrt (sog. „Zwischenheimfahrt") ist zusätzlich zu der 1 %- und 0,03 %-Regelung mit 120 Euro (30.000 Euro x 0,002 % x 200 km) zu versteuern.

Beispiel 3: Herr Klug wohnt als Filialleiter in Duisburg und hat gemäß Arbeitsvertrag sowohl eine Filiale in Essen (Entfernung 20 km) als auch in Düsseldorf (Entfernung 35 km) zu betreuen. Ihm steht ein Firmen-Pkw (Bruttolistenpreis 25.000 Euro) auch zur privaten Nutzung zur Verfügung. Im August arbeitet er an 10 Tagen in Essen und an 13 Tagen in Düsseldorf.

Für August wäre demnach zu versteuern:

25.000 Euro x 1 % =	250 Euro
25.000 Euro x 0,03 % x 20 km =	150 Euro
25.000 Euro x 0,002 % x 15 km (35 km - 20 km) x 13 Tage =	97,50 Euro
	497,50 Euro

6.2.4.2.4 Pauschale Nutzungswertermittlung 0,001 % – gelegentliche Nutzung

Bei „gelegentlicher" Überlassung eines Firmen-Pkw zu Privatfahrten ist jeder gefahrene Kilometer mit 0,001 % des Bruttolistenpreises zu versteuern. Von einer gelegentlichen Überlassung spricht man, wenn diese von „Fall zu Fall" an nicht mehr als fünf Kalendertage pro Kalendermonat erfolgt.

Beispiel 1: Frau Frohsinn zieht um und leiht sich von Ihnen für das Umzugswochenende einen Firmentransporter (Bruttolistenpreis 25.000 Euro). Frau Frohsinn fährt insgesamt 200 km. Der geldwerte Vorteil ermittelt sich wie folgt:

25.000 Euro x 0,001 % x 200 km = 50 Euro

Praxistipp

Die im Rahmen der pauschalen Nutzungswertermittlung ermittelten geldwerten Vorteile dürfen die tatsächlichen Gesamtkosten des Fahrzeugs nicht überschreiten.

Beispiel 2:

Bruttolistenpreis:	30.000 Euro
jährliche, tatsächliche Kosten:	6.000 Euro
Entfernung Wohnung – Tätigkeitsstätte:	50 km
pauschale Nutzungswertermittlung:	
30.000 Euro x 1 % =	300 Euro
30.000 Euro x 0,03 % x 50 km =	450 Euro
	750 Euro
tatsächliche Gesamtkosten:	
6.000 Euro : 12 Monate =	500 Euro

Der monatliche geldwerte Vorteil darf sich auf maximal 500 Euro belaufen.

> **Praxistipp**
>
> Insbesondere bei großen Entfernungen Wohnung – erste Tätigkeitsstätte sollten Sie prüfen lassen, ob die Kostendeckelung in Betracht kommt. Dazu müssen Sie vorbereitend im Rechnungswesen für jedes Auto die Kosten separat ermittelt führen.

In den Lohnunterlagen sollten immer folgende Nachweise enthalten sein:

- Nachweis Bruttolistenpreis,
- Entfernung Wohnung – erste Tätigkeitsstätte,
- Übernahmedatum,
- Überlassungsvertrag.

Die geldwerten Vorteile aus der Privatnutzung eines Firmen-Pkw sind immer auch umsatzsteuerpflichtig.

Exkurs: Homeoffice und Firmenwagenbesteuerung

Ausgelöst durch die Corona-Pandemie kam die Frage auf, wie es sich verhält, wenn der Arbeitnehmer aufgrund einer Homeoffice-Tätigkeit in einigen oder vielen Monaten keine Fahrten zwischen Wohnung und erster Tätigkeitsstätte durchgeführt hat.

Die Finanzverwaltung erlaubt neben der 0,03 %-Regelung nur die Einzelbewertung nach der 0,002 %-Regelung. Wird die Einzelbewertung nicht angewendet und der Arbeitnehmer nutzt das Fahrzeug z. B. wegen Homeoffice einen oder mehrere volle Kalendermonate nicht, bleibt es dennoch bei der Anwendung der 0,03 %-Methode für die Fahrten Wohnung und erste Tätigkeitsstätte.

Die Wahl der jeweiligen Methode ist zu Beginn des Kalenderjahres zu treffen. Ein unterjähriger Wechsel der gewählten Methode ist nicht zulässig. Die Finanzverwaltung lässt inzwischen jedoch einen rückwirkenden Wechsel von der 0,03 %-Regelung zur Einzelbewertung für das gesamte Kalenderjahr zu, nachdem es 2020 zu großer Kritik geführt hat, dass zu Beginn des Jahres die gravierenden Änderungen im Nutzungsverhalten der Arbeitnehmer mit Firmenwagen durch die Corona-Krise nicht abzusehen waren.

Dies lässt sich verhältnismäßig einfach umsetzen. Ist der Arbeitnehmer tatsächlich regelmäßig ins Büro gefahren, sind 15 Fahrten je Monat anzusetzen. Damit würde sich bei Anwendung der 0,002 %-Methode folgende Berechnung ergeben: 0,002 % x 15 Tage = 0,03 %. D. h. für die Monate, die voll versteuert wurden, ist keine Korrektur nötig. Für die Monate, die nicht versteuert wurden, ist der Nachweis von 0 Fahrten vorzuhalten und je nach Lohnprogramm entsprechend zu hinterlegen.

Die Sozialversicherung lässt eine rückwirkende Korrektur zu Lasten der Sozialversicherung nach wie vor nicht zu. Da sich bei der obigen Darstellung aber keine finanziellen Auswirkungen/Änderungen ergeben würden, ist dies in dieser Konstellation unbeachtlich.

6.2.4.3 Zuzahlungen zu Firmenwägen – Bruttoentgeltumwandlung – Nettoentgeltumwandlung

Stellen wir uns gedanklich wieder einen Mitarbeiter oder potenziellen Mitarbeiter vor, der sich bis dato noch kein eigenes Auto leisten konnte und auch jetzt nicht die Möglichkeit hat, einen Gebrauchtwagen zu erwerben, da das dazu nötige Startkapital fehlt. Ein Leasingvertrag wäre eventuell eine Option, aber hier besteht die Hürde der Schufa-Prüfung.

Der Mitarbeiter kann nun entweder seine Leasingrate aus dem Bruttoentgelt direkt begleichen und muss dafür den geldwerten Vorteil versteuern oder aber er zahlt die Leasingrate netto ab und darf diese wie erläutert dann auf den geldwerten Vorteil anrechnen.

Der Unterschied in der sinnhaften Nutzung dürfte klar sein: Je günstiger der geldwerte Vorteil ausfällt, umso eher bietet sich die Bruttoentgeltumwandlung an, da sich die steuerliche Wirkung hier nicht auf die den Betrag des geldwerten Vorteils beschränkt.

Damit ergibt sich hier ein großartiges Medium: So bieten Einzelhandelsunternehmen auf der grünen Wiese bei der Suche nach Azubis einen Pkw als Firmenwagen oder aber Angehörigen von Pflegeberufen wird ein Auto angeboten, das der Mitarbeiter sogar komplett privat nutzen kann. Selbstverständlich ist der damit verbundene zusätzliche administrative Aufwand auch nicht zu vergessen, aber berücksichtigt man die Kosten eines Personalwechsels auf einer Stelle, so stellt sich evtl. wieder eine Verhältnismäßigkeit ein.

6.2.4.4 Elektrofahrzeuge und Hybride

Ziel der Bundesregierung ist es, Deutschland bis 2045 Treibhausgas-neutral zu machen. Das Zwischenziel für 2030 sieht Einsparungen von 65 % gegenüber 1990 vor. Die Förderung der Elektromobilität mit verschiedenen Maßnahmen soll den Beitrag des Verkehrs zur Zielerreichung sichern.

Kaufpreisprämien

Schaffte der Arbeitgeber als Dienstwagen für seine Arbeitnehmer Elektro- oder Hybrid-Fahrzeuge an, winkten ihm Kaufpreiszuschüsse.

> **Praxistipp**
>
> Die Prämien wurden nur für nach dem 18.05.2016 angeschaffte Fahrzeuge mit einem Listenpreis von höchstens 60.000 Euro gewährt. Beantragen konnten Arbeitgeber die Prämien online beim Bundesamt für Wirtschaft und Ausfuhrkontrolle.

Fahrzeugart	Typisierung	Kaufprämie/Euro
Elektrofahrzeug	Ausschließlich mit einem Elektroantrieb ausgestattet anstelle eines Verbrennungsmotors (Kennziffer 0004 und 0015 im Feld 10 der Zulassungsbescheinigung)	4.000,00
Plug-In-Hybrid-Fahrzeug	Mit Hybridantrieb, dessen Akkumulator sowohl über den Verbrennungsmotor als auch am Stromnetz geladen werden kann (Kennziffer 0016 bis 0019 und 0025 bis 0031 im Feld 10 der Zulassungsbescheinigung)	3.000,00

Befreiung von der Kfz-Steuer

Neben diesen Kaufpreisprämien profitierten Arbeitgeber bei Elektrofahrzeugen auch von einer Kfz-Steuerbefreiung. Die fünfjährige Steuerbefreiung für ab 01.01.2016 erfolgte Erstzulassungen reiner Elektrofahrzeuge wurde rückwirkend zum 01.01.2016 in eine zehnjährige Befreiung umgewandelt. Für Erstzulassungen zwischen dem 11.05.2011 und 31.12.2015 galt ohnehin eine zehnjährige Steuerbefreiung.

Die Befreiung gilt ebenfalls für Elektrofahrzeuge, die mit einem Verbrennungsmotor als Reichweitenverlängerer ausgestattet sind (Range-Extender-Fahrzeuge) sowie für verkehrstechnisch genehmigte Umrüstungen von Bestandsfahrzeugen in Elektrofahrzeuge. Anwendbar ist die zehnjährige Befreiung somit für Erstzulassungen bzw. Umrüstungen in der Zeit vom 18.05.2011 bis 31.12.2020. Die Steuerbefreiung wird von Amts wegen gewährt. Ein Antrag ist nicht erforderlich.

> **Wichtig!**
>
> Hybridelektrofahrzeuge, die neben einem Elektromotor auch durch einen Verbrennungsmotor angetrieben werden, gelten nicht als Elektrofahrzeuge im Sinne des Kraftfahrsteuergesetzes. Sie sind deshalb nicht begünstigt.

Lohnsteuerliche Regelungen für überlassene Kraftfahrzeuge

Für die Überlassung von Elektrofahrzeugen sowie Plug-In-Hybrid-Fahrzeugen gelten die steuerlichen Regelungen zur Fahrzeugüberlassung. Den geldwerten Vorteil aus der Privatnutzung sowie den Fahrten zwischen Wohnung und Arbeit kann der Arbeitgeber pauschal oder nach der Fahrtenbuchmethode ermitteln.

Bisherige Handhabung bei der 1 %-Regelung bis 2018

Seit 2013 wurde der Bruttolistenpreis bei der lohnsteuerlichen Ermittlung des geldwerten Vorteils aus der Privatnutzung um die Kosten für das Batteriesystem pauschal – je nach Anschaffungsjahr und Batteriekapazität – gekürzt. In den Miet- bzw. Leasinggebühren sind die Kosten des Batteriesystems enthalten. Bei der 1 %-Regelung sind die Leasingraten für die Lohnversteuerung ohne Bedeutung. Bei der Fahrtenbuchmethode musste der Arbeitgeber die Kosten aufteilen. Soweit sie auf das Batteriesystem entfallen, minderten sie die Gesamtkosten. Als Aufteilungsmaßstab konnte das Verhältnis zwischen Listenpreis und dem um den pauschalen Minderungsbetrag gekürzten Listenpreis angesetzt werden (BMF-Schreiben vom 05.06.2014).

Beispiel: Der Arbeitgeber leaste ein Elektrofahrzeug, das er dem Mitarbeiter Ehrlich zur Privatnutzung überließ. Die monatliche Full-Leasingrate betrug 300 Euro (brutto), ein auf das Batteriesystem entfallender Anteil war nicht gesondert ausgewiesen. Das Fahrzeug hatte einen Bruttolistenpreis von 42.000 Euro.

Der pauschale Minderungsbetrag betrug (laut Tabelle) 6.000 Euro, das waren 1/7 des Gesamtpreises.

Lohnsteuer: Die für die Fahrtenbuchmethode maßgeblichen Kosten ermittelten sich wie folgt: 300 Euro x 6/7 = 257,14 Euro monatlich x 12 = 3.085,68 Euro jährlich. Hinzu kamen die vom Arbeitgeber zusätzlich getragenen Kosten (z. B. Benzin). Die Bruttogesamtkosten waren nach dem Verhältnis der dienstlich und privat gefahrenen Kilometer aufzuteilen. Die Bruttoaufwendungen für die private Nutzung unterlagen als Arbeitslohn der Lohnsteuer.

Umsatzsteuer: Die Überlassung erfolgte entgeltlich im Rahmen eines tauschähnlichen Umsatzes. Als Bemessungsgrundlage gilt die Nettosumme der ungekürzten Leasingraten sowie der zusätzlichen Kosten. Auf den der Privatnutzung zugerechneten Nettokostenanteil entsteht 19 % Umsatzsteuer.

Bisherige Handhabung bei der 1 %-Regelung ab 2019

Die steuerliche Förderung von Elektro- und extern aufladbaren Hybridelektrofahrzeugen, die nach dem Gesetzeswortlaut im Zeitraum 01.01.2019 bis 31.12.2021 angeschafft oder geleast werden, erfolgt durch eine Halbierung der Bemessungsgrundlage. Diese Frist wurde durch das Jahressteuergesetz 2019 bis einschließlich 31.12.2030 verlängert. Das bedeutet, dass bei der Bruttolistenpreisregelung der **halbe Bruttolistenpreis** und bei der Fahrtenbuchmethode die **Hälfte der Absetzung für Abnutzung** bzw. der Leasingkosten angesetzt wird. Dies gilt für die Ermittlung des geldwerten Vorteils bei Privatfahrten, Fahrten zwischen Wohnung und erster Tätigkeitsstätte sowie für steuerpflichtige Familienheimfahrten im Rahmen einer beruflich veranlassten doppelten Haushaltsführung.

Allerdings sind die Maßnahmen an bestimmte Voraussetzungen gebunden: Bei einem extern aufladbaren Hybridelektrofahrzeug gelten die vorstehenden Vergünstigungen nur dann, wenn

- das Fahrzeug eine Kohlendioxidemission von höchstens 50 Gramm je gefahrenen Kilometer hat und/oder die Reichweite unter ausschließlicher Nutzung der elektrischen Antriebsmaschine mindestens 40 Kilometer beträgt. Dies gilt für Anschaffungen zwischen dem 01.01.2019 bis 31.12.2021.

- das Fahrzeug eine Kohlendioxidemission von höchstens 50 Gramm je gefahrenen Kilometer hat und/oder die Reichweite unter ausschließlicher Nutzung der elektrischen Antriebsmaschine mindestens 60 Kilometer beträgt. Dies gilt für Anschaffungen zwischen dem 01.01.2022 bis 31.12.2024.

- das Fahrzeug eine Kohlendioxidemission von höchstens 50 Gramm je gefahrenen Kilometer hat und/oder die Reichweite unter ausschließlicher Nutzung der elektrischen Antriebsmaschine mindestens 80 Kilometer beträgt. Dies gilt für Anschaffungen zwischen dem 01.01.2025 bis 31.12.2030, nach aktuellen Plänen der Regierung ggf. auch früher und in Verbindung mit einer Ladepflicht; die Entwicklungen bleiben hier im Moment abzuwarten.

> **Praxistipp**
>
> Durch die Lieferketten-Probleme und Rohstoffknappheit kam es vielfach zu Lieferschwierigkeiten und damit wurden in 2021 bestellte Fahrzeuge erst in 2022 geliefert. Wenn diese dann die Voraussetzungen der erhöhten Kilometerreichweite nicht erfüllten, entfielen die Voraussetzungen für den reduzierten Ansatz des geldwerten Vorteils. Dies sollte also immer gut überwacht werden.

Die Finanzverwaltung hat den zeitlichen Anwendungsbereich der gesetzlichen Neuregelung in den Fällen der Firmenwagengestellung nach anfänglicher Diskussion dann auch klargestellt: sie ist anzuwenden bei allen vom Arbeitgeber an den Arbeitnehmer erstmals nach dem 31.12.2018 und vor dem 01.01.2030 zur privaten Nutzung überlassenen Elektrofahrzeugen. In diesen Fällen kommt es nicht auf den Zeitpunkt an, zu dem der Arbeitgeber das Fahrzeug angeschafft, hergestellt oder geleast hat.

Praxistipp

Seit dem 01.01.2020 gilt für reine Elektrofahrzeuge eine weitere Ermäßigung. Solche Fahrzeuge sind sogar mit 0,25 % vom Bruttolistenpreis zu versteuern. Nach § 6 Abs. 1 Nr. 4 (3) EStG ist die Anwendung der 0,25 % jedoch an die Bedingung geknüpft, dass der Brutto-Listenpreis maximal 60.000 Euro betragen darf. Werden die 60.000 Euro überschritten, so ist die Regelung für Plug-in-Hybrid (0,5 % Versteuerung vom Bruttolistenpreis) maßgebend.

Hinweis

Bei einer erstmaligen Überlassung eines reinen Elektrofahrzeugs in der Zeit nach dem 31.12.2018 und vor dem 01.07.2020 liegt die Grenze des Bruttolistenpreises für die Anwendung der 0,25 % bei 40.000 Euro.

Praxistipp

Da für die Ermittlung der geldwerten Vorteile die Bruttolistenpreise auf volle 100 Euro-Beträge abgerundet werden, stellte sich die Frage, wie ein Bruttolistenpreis von 60.099 Euro zu handhaben wäre. Da die Grenze bei 60.000 Euro liegt, ist jeder Euro darüber dann nicht mehr der Vorgabe entsprechend, trotz Abrundung bei der Ermittlung des geldwerten Vorteils.

Förderung der kostenlosen Stromaufladung

Auch das elektrische Aufladen kann der Arbeitgeber fördern. Lohnsteuerliche Begünstigungen vom 01.01.2017 bis 31.12.2020 winken in zweierlei Hinsicht:

Ermöglicht der Arbeitgeber Arbeitnehmern das kostenlose elektrische Aufladen eines privaten Elektro- bzw. Hybridelektrofahrzeugs, ist dieser zusätzlich zum Arbeitslohn gewährte Vorteil nach BMF-Schreiben vom 26.10.2017 steuerfrei. Diese Begünstigung gilt nur für eine Aufladung unmittelbar im Betrieb des Arbeitgebers.

Steuerfrei ist neben der Aufladung von Elektro- und Hybridelektrofahrzeugen auch die Aufladung von Elektrofahrrädern (E-Bikes und Pedelec). Diese fallen nach aktueller Festlegung auch komplett hierunter, und nicht wie bis Herbst 2017 festgelegt nur, wenn diese als Kraftfahrzeuge zulassungspflichtig sind. Die Unklarheit der Vergangenheit hat sich hier also aufgelöst.

Neuerdings zählt auch das kostenfreie oder verbilligte Laden von Elektrokleinstfahrzeugen unter diese Steuerfreiheit. Hierunter versteht man Kraftfahrzeuge mit elektrischem Antrieb und einer bauartbedingten Höchstgeschwindigkeit von nicht weniger als 6 Kilometer pro Stunde und nicht mehr als 20 Kilometer pro Stunde, wie z. B. elektrische Tretroller und Segways.

Die Steuerfreiheit gilt nicht für die Übernahme der privaten Ladekosten an fremden Ladestationen.

Aber: Hier ist der steuerfreie Auslagenersatz im Rahmen des § 3 Nr. 50 EStG in folgenden Grenzen ebenfalls gemäß BMF-Schreiben vom 26.10.2017 möglich. Mit dem Schreiben vom 29.09.2020 wurden die Pauschalen angehoben, sodass seit 2021 gilt:

Mit zusätzlicher Lademöglichkeit beim Arbeitgeber verblieben

- 30 Euro monatlich für Elektrofahrzeuge und
- 15 Euro monatlich für Hybridelektrofahrzeuge

steuerfrei.

Ohne Lademöglichkeit beim Arbeitgeber verblieben

- 70 Euro monatlich für Elektrofahrzeuge und
- 35 Euro monatlich für Hybridelektrofahrzeuge

steuerfrei.

Die oben genannte pauschale Bewertung soll nun über den 31.12.2020 hinaus bis einschließlich 31.12.2030 verlängert werden.

Aufladevorrichtung

Übereignet der Arbeitgeber zusätzlich zum geschuldeten Arbeitslohn eine elektrische Ladevorrichtung kostenlos oder verbilligt an seinen Arbeitnehmer oder leistet er einen Zuschuss zu deren privaten Anschaffung, so kann er diesen Vorteil mit 25 % (zuzüglich Soli und ggf. Kirchensteuer) pauschal versteuern.

Im Rahmen einer Gehaltsumwandlung ist die Pauschalierung nicht anwendbar.

6.2.5 Fahrräder im Fuhrpark

Dienstfahrräder gibt es nach wie vor nur selten. Die Überlassung von Fahrrädern zur privaten Nutzung an Arbeitnehmer durch den Arbeitgeber – mit und ohne Elektroantrieb – erfreuen sich auch nach der Corona-Pandemie wachsender Beliebtheit und werden von immer mehr Arbeitgebern angeboten. Je nach Ausführung und damit Einstufung des Fahrrads sind sie entweder prinzipiell wie Firmenwagen zu behandeln oder werden nach eigenen Vorschriften einer Versteuerung unterworfen.

Betrachtung der (Elektro-)Fahrräder

Die lohnsteuerliche Behandlung von Elektrofahrrädern hängt davon ab, ob es sich um ein E-Bike oder Pedelec handelt und ob es damit als Fahrrad oder Kraftfahrzeug eingestuft wird:

- E-Bikes fahren auf Knopfdruck auch ohne Pedalunterstützung. Sie sind bereits ab 6 Kilometer pro Stunde als Kraftfahrzeuge zulassungspflichtig.
- Pedelecs (Pedal Electric Cycles) bieten nur dann Motorunterstützung, wenn der Fahrer in die Pedale tritt. Erfolgt

a) die Motorunterstützung bis zu 25 km/h und hat der Hilfsantrieb eine Nenndauerleistung von höchstens 0,24 kW, gelten sie als Fahrrad;

b) eine elektromotorische Unterstützung auch bei mehr als 25 km/h, gelten sie als zulassungspflichtige Kraftfahrzeuge.

Werden (Elektro)Fahrräder gegen eine Gehaltsumwandlung zur Privatnutzung überlassen, führt dies zu einem geldwerten Vorteil, der sich in Abhängigkeit von der Art des Fahrrades in einer bestimmten Höhe von bis zu 1 % der auf volle 100 Euro abgerundeten Preisempfehlung berechnet.

Die Sachbezugsfreigrenze ist nicht anwendbar. Der Arbeitgeber muss diesen Vorteil über die individuelle Gehaltsabrechnung des Arbeitnehmers versteuern. Eine Pauschalversteuerung nach § 37b EStG ist nicht zulässig.

Die Überlassung von (Elektro-)Fahrrädern an Arbeitnehmer für deren Privatnutzung führte bis Ende 2018 zu einem steuerpflichtigen geldwerten Vorteil. Seit dem 01.01.2019 ist eine solche Überlassung nach § 3 Nr. 37 EStG dann steuerfrei, wenn diese zusätzlich zum ohnehin geschuldeten Arbeitslohn erfolgt. Diese Steuerbefreiung ist durch das Jahressteuergesetz 2019 bis Ende 2030 verlängert worden. Eine mit Gehaltsumwandlung finanzierte Überlassung ist somit nicht begünstigt.

> **Praxistipp**
>
> Es können auch über den Mitarbeiter Fahrräder für Familienmitglieder geleast werden. Aus dem Wortlaut der Vorschrift ergibt sich nicht, dass das Fahrrad ausschließlich dem Arbeitnehmer überlassen werden muss. Vielmehr ist in § 3 Nr. 37 EStG nur die Rede von „vom Arbeitgeber gewährte Vorteile für die Überlassung eines betrieblichen Fahrrads".

Steuerlich gefördert werden soll demnach die Nutzungsüberlassung von Dienst-(Elektro)Fahrrädern. Auch die Finanzverwaltung sieht hier keine Beschränkung der Regelung auf lediglich ein Fahrrad pro Arbeitnehmer. Wörtlich regelt diese: „Entsprechendes gilt bei der Überlassung mehrerer (Elektro)Fahrräder an den Arbeitnehmer (z. B. für dessen Familienangehörige)".

6.2.5.1 Einstufung eines E-Bikes als Fahrrad

Grundsätzlich ergibt sich aus der Überlassung eines (Elektro-)Fahrrads zusätzlich zum ohnehin geschuldeten Arbeitslohn ein steuerpflichtiger geldwerter Vorteil, der für jeden Kalendermonat mit 1 % des auf volle 100 Euro abgerundeten Bruttolistenpreises einschließlich Sonderausstattung und Umsatzsteuer anzusetzen ist.

Seit 2019 bis Ende 2030 bleiben **zusätzlich zum ohnehin geschuldeten Arbeitslohn** gewährte geldwerte Vorteile aus der Überlassung eines betrieblichen Fahrrads, das kein Kraftfahrzeug ist, steuerfrei. Sollte der Arbeitgeber also die Leasingrate des Fahrrads zusätzlich zum Arbeitslohn übernehmen, so verbleibt dies steuerfrei. Diese Steuerbefreiung gilt sowohl für normale Fahrräder als auch für Elektrofahrräder, die verkehrsrechtlich nicht als Kraftfahrzeug einzuordnen sind.

> **Praxistipp**
>
> Auch wenn der geldwerte Vorteil für diese Art von betrieblichem Fahrrad steuerfrei ist, muss er auf der Brutto-/Nettoabrechnung abgebildet werden. Die Bemessungsgrundlage und somit die Höhe des steuerfreien geldwerten Vorteils richtet sich hierbei nach der erstmaligen Überlassung auf einen Arbeitnehmer und nach dem jeweiligen Abrechnungsjahr.

Handelt es sich aber **um eine Entgeltumwandlung** des Arbeitnehmers, also keine zusätzliche Leistung des Arbeitgebers, so muss das Fahrrad wie nachfolgend erläutert versteuert werden:

- Erfolgt die Überlassung des Fahrrads vor dem 01.01.2019 und nach dem 31.12.2030, so muss der monatliche Durchschnittswert der Privatnutzung bei einem Elektrofahrrad mit insgesamt 1 % der auf volle 100 Euro abgerundeten unverbindlichen Preisempfehlung (brutto) des Herstellers versteuert werden.

- Für Überlassungen innerhalb des Kalenderjahres 2019 muss ein monatlicher Durchschnittswert der Privatnutzung bei einem Fahrrad mit insgesamt 1 % der auf volle 100 Euro abgerundeten **halbierten** unverbindlichen Preisempfehlung (brutto) angesetzt werden.

- Für Überlassungen nach dem 31.12.2019 und vor dem 01.01.2031 ist ein monatlicher Durchschnittswert der Privatnutzung bei einem Fahrrad mit insgesamt 1 % eines auf volle 100 Euro abgerundeten **Viertels** der unverbindlichen Preisempfehlung (brutto) des Herstellers anzusetzen.

> **Praxistipp**
>
> Dies sind immer die Lohnsteueransätze. Umsatzsteuer wird immer aus 1 % des Bruttolistenpreises berechnet.

Damit abgegolten sind die Privatfahrten sowie die Fahrten zwischen Wohnung und erster Tätigkeitsstätte – und auch Heimfahrten bei doppelter Haushaltsführung, was aufgrund der jeweiligen Entfernung allerdings i. d. R. nicht praxisrelevant ist.

> **Hinweis**
>
> Wird das Fahrrad (auch) zu Fahrten zwischen Wohnung und erster Tätigkeitsstätte genutzt, sind die steuerfreien Sachbezüge nicht auf die Entfernungspauschale anzurechnen.

In die Bemessungsgrundlage – der unverbindlichen Preisempfehlung des Herstellers – gehören alle fest an- oder eingebauten Zubehörstücke, wie Ersatzakkus, Klickpedale oder Gepäckträger. Falsch wäre die Nutzung des Kaufpreises als Bemessungsgrundlage.

> **Praxistipp**
>
> Die Sachbezugsfreigrenze von 50 Euro monatlich ist auf Dienstfahrräder nicht anwendbar (Oberste Finanzbehörden der Länder, Erlass vom 23.11.2012). Gehört die Überlassung von Fahrrädern zur Angebotspalette des Arbeitgebers (z. B. Fahrradgeschäft mit Verleih), ist der Rabattfreibetrag von jährlich 1.080 Euro anwendbar.

6.2.5.2 Einstufung als Kraftfahrzeug

Soweit E-Bikes oder Pedelecs als Kraftfahrzeug eingestuft werden, sind die für eine Kraftfahrzeugüberlassung einschlägigen steuerlichen Regelungen anzuwenden. Das bedeutet: Arbeitgeber müssen für die Privatnutzung monatlich 1 % des Bruttolistenpreises und zusätzlich 0,03 % je Entfernungskilometer für die Fahrten zwischen Wohnung und erster Tätigkeitsstätte ansetzen.

Änderungen haben sich bei der Versteuerung der Privatnutzung ergeben: Wird dem Arbeitnehmer erstmals nach dem 31.12.2018 und vor dem 01.01.2031 ein Fahrrad überlassen, so wird der monatliche Durchschnittswert der Privatnutzung für das Kalenderjahr 2019 insgesamt mit 1 % der auf volle 100 Euro abgerundeten **halbierten** unverbindlichen Preisempfehlung (brutto) und ab dem 01.01.2020 insgesamt mit 1 % eines auf volle 100 Euro abgerundeten **Viertels** der unverbindlichen Preisempfehlung (brutto) des Herstellers festgesetzt.

> **Praxistipp**
>
> Auch hier gilt: Die Umsatzsteuer wird immer voll aus 1 % des Bruttolistenpreises berechnet.

6 Entgeltgestaltung durch steuerliche und sozialversicherungsrechtliche Besonderheiten

Klargestellt wurde hier, dass es dabei unerheblich ist, zu welchem Zeitpunkt der Arbeitgeber das Fahrrad angeschafft hat. Wurde dem Arbeitnehmer bereits vor dem 01.01.2019 ein Fahrrad zur Privatnutzung überlassen, so ist hier die Regelung mit 1 % der auf volle 100 Euro abgerundeten unverbindlichen Preisempfehlung (brutto) anzuwenden.

Beispiel 1: Der Arbeitgeber überlässt seiner Arbeitnehmerin Frohsinn ab dem 01.02.2022 ein als Kfz eingestuftes Pedelec mit einem Bruttolistenpreis von 2.995 Euro. Sie nutzt dieses sowohl privat als auch für Fahrten zwischen Wohnung und dem 7 Kilometer entfernten Betrieb.

Lohnsteuer: Der monatliche Vorteil aus der Privatnutzung beträgt 7,25 Euro (2.900 x 0,25 %). Hinzu kommt der Vorteil aus der Nutzung für Fahrten zwischen Wohnung und Betrieb mit monatlich 6 Euro (2.900 Euro x 0,03 % x 7 km).

Umsatzsteuer: Bei der Überlassung von Elektrofahrrädern, die als Kfz eingestuft werden, können die lohnsteuerlichen Werte zugrunde gelegt werden. Aus diesen Bruttowerten ist die Umsatzsteuer aus 13,25 Euro (7,25 Euro + 6 Euro) herauszurechnen.

Beispiel 2: Der Arbeitgeber überlässt seinem Mitarbeiter Herrn Ehrlich seit dem 01.08.2018 ein als Kfz eingestuftes Pedelec mit einem Bruttolistenpreis in Höhe von 5.499 Euro. Der Arbeitnehmer zahlt zusätzlich eine Leasingrate in Höhe von 75 Euro direkt aus seinem Bruttogehalt, welches 3.000 Euro beträgt.

Der monatliche Vorteil aus der Privatnutzung beträgt 54,99 Euro (5.499 Euro x 1 %).

Die Abrechnung des Mitarbeiters würde also wie folgt aussehen:

Gehalt (brutto): 3.000 Euro

Geldwerter Vorteil:	54,99 Euro
Entgeltumwandlung (Leasingrate):	75 Euro
Steuerpflichtiges Gesamtbrutto:	2.979,99 Euro

> **Praxistipp**
>
> Die Bezahlung der Leasingrate kann entweder aus dem Bruttogehalt oder aus dem Nettogehalt erfolgen.

Bei Anwendung der Nettomethode mindert die vom Arbeitnehmer übernommene Leasingrate den zu versteuernden geldwerten Vorteil. Im Falle Ehrlich würde sich der geldwerte Vorteil dann auf Null reduzieren, eine Negativanrechnung kann nicht erfolgen.

Welche Methode sinnhafter ist, kann durch den geldwerten Vorteil bestimmt werden. D. h. umso günstiger der geldwerte Vorteil, desto eher fällt die Entscheidung in Richtung Bruttoentgeltumwandlung, da sich die steuerliche Wirkung hier nicht auf die den Betrag des geldwerten Vorteils beschränkt.

6.2.5.3 Lohn- und Umsatzsteuer auf eine Schenkung vom Arbeitgeber

Sollte der Arbeitgeber seinem Arbeitnehmer ein Elektrofahrrad schenken, ergeben sich steuerlich folgende Konsequenzen:

Beispiel: Der Arbeitgeber schenkt seinem Herrn Ehrlich ein Elektrofahrrad mit einem Bruttolistenpreis in Höhe von 2.950 Euro.

Lohnsteuer: Die kostenlose Übereignung ist als Sachbezug lohnsteuerpflichtig. Bewertet wird er mit 96 % des üblichen Endpreises. Der Arbeitgeber kann die 2.832 Euro individuell oder – wenn das Elektrofahrrad zusätzlich zum geschuldeten Arbeitslohn gegeben wird – bisher mit 30 % und seit dem 01.01.2020 laut § 40 Abs. 2 Nr. 7 EStG mit 25 % pauschal versteuern und verbeitragen. Für die Pauschalierung mit 25 % gelten allerdings folgende Voraussetzungen:

- Es wird ein Fahrrad bzw. E-Bike an den Arbeitnehmer unentgeltlich bzw. verbilligt übereignet, welches verkehrsrechtlich nicht als Kfz zu werten ist.
- Bei der Übereignung handelt es sich um eine zusätzliche Leistung des Arbeitgebers.

Ist der Arbeitgeber ein Fahrradhersteller/-händler, ist der Rabattfreibetrag von 1.080 Euro abziehbar. Werden keine weiteren Vorteile aus der Produktpalette des Arbeitgebers gewährt, sind nur 1.752 Euro steuer- und sozialversicherungspflichtig.

Umsatzsteuer: Die Anschaffung des Arbeitgebers kann nicht dem Unternehmensvermögen zugeordnet werden. Ein Vorsteuerabzug ist daher von vornherein ausgeschlossen.

6.2.6 Incentives

Unter „Incentives" versteht man Sachzuwendungen, die Arbeitnehmern insbesondere aus Belohnungs- und Motivationsgründen zugewendet werden. Nachfolgend ersehen Sie einige Beispiele, wie sich diese ausgestalten lassen:

Sie möchten einem Ihrer Mitarbeiter, von dem Sie wissen, dass dieser glühender Anhänger des Fußballclubs Ihrer Stadt ist, für einen besonderen Arbeitseinsatz belohnen und schenken ihm zwei Eintrittskarten für das nächste Spiel des Vereins.

Sie möchten für den jeweils umsatzstärksten Verkäufer ein Paris-Wochenende für zwei Personen in einem Fünf-Sterne-Hotel einschließlich Hin- und Rückflug als Sonderprämie anbieten.

Ein geldwerter Vorteil liegt dabei nicht vor, wenn das Arbeitgeberinteresse gegenüber dem Belohnungscharakter überwiegt. Dies ist z. B. der Fall, wenn „Kundenbetreuungs- und Organisationsaufgaben" so umfangreich sind, dass sie den mit der Reiseteilnahme verbundenen Erlebniswert eindeutig in den Hintergrund treten lassen.

Für den Belohnungscharakter einer Reise spräche z. B.

- ein überwiegend touristisches Reiseprogramm,
- die Begleitung durch den Ehepartner.

Selbst wenn bei einer solchen Reise auch eine Kundenbetreuung stattfinden würde, stände doch der Belohnungscharakter im Vordergrund.

Die oben genannten Beispiele sind unstrittig eine Belohnung für einen besonderen Einsatz oder dergleichen und bergen kein Arbeitgeberinteresse. Sie müssen daher voll versteuert werden. Wenn Sie diese auf der Gehaltsabrechnung des Mitarbeiters zu seinen Lasten versteuern würden, wäre die Freude über die Reise oder die Fußballkarten ganz sicher schnell verschwunden. Wie könnten Sie diese daher dem Mitarbeiter zugutekommen lassen? In diesen Fällen greift die Sondervorschrift des § 37b EStG.

6.2.6.1 § 37b EStG für Mitarbeitergeschenke

Diese Vorschrift ermöglicht der Unternehmung theoretisch mit befreiender Wirkung für den Mitarbeiter die Steuern zu übernehmen. Die Regelung kann auf Wunsch von jedem Unternehmen in Anspruch genommen werden (Wahlrecht). Wird sie in

Anspruch genommen, muss sie aber für alle Sachzuwendungen angewandt werden.

Zu versteuern sind dabei immer die Aufwendungen des Unternehmens zuzüglich der Umsatzsteuer. Die Übernahme der Pauschalsteuer ist nur bis zu einem Wert von 10.000 Euro je Empfänger und Wirtschaftsjahr zulässig. Zur Überprüfung der Wertgrenze sind eindeutige Aufzeichnungen erforderlich.

Nehmen wir das Beispiel des Wochenendes in Paris wieder auf. Dieses hat einen Wert von 2.000 Euro für zwei Personen inklusive Flug, Hotel und der dort gebuchten Veranstaltungen und Restaurants.

Wert der Reise insgesamt	2.000 Euro
Pauschalsteuer (30 %)	600 Euro
Solidaritätszuschlag (5,5 %)	33 Euro
Kirchensteuer (8 %)	48 Euro
Gesamtaufwand	2.681 Euro

Zudem besteht bei Geschenken für Mitarbeiter bei dieser Form der Pauschalierung Sozialversicherungspflicht, d. h. diese muss ebenfalls noch Berücksichtigung finden (sofern die Einkünfte des Beschenkten nicht bereits über der Beitragsbemessungsgrenze liegen) und soll oftmals ebenfalls vom Unternehmen übernommen werden. Bitte beachten Sie dann aber, dass durch die Übernahme der Sozialversicherungsanteile ein zusätzlicher geldwerter Vorteil entsteht, der Berücksichtigung finden muss.

6.2.6.2 § 37b EStG für Kundengeschenke

Neben der Anwendung für Mitarbeitergeschenke kann § 37b EStG auch für Kundengeschenke angewendet werden, d. h. wenn Sie als Unternehmen Ihren Kunden oder einem Mitarbeiter eines anderen Hauses ein Geschenk zukommen lassen möchten. Normalerweise übernimmt der Geber der Sachzuwendung die Versteuerung. Um eine doppelte Versteuerung zu vermeiden, muss dieser den Empfänger des Geschenkes über die Steuerübernahme informieren, damit der Empfänger nicht noch einmal selbst versteuert.

Die Berechnung der Versteuerung erfolgt wie bei den Mitarbeitergeschenken, allerdings entfällt der Sozialversicherungsanteil.

Auch hier gilt, dass eine einmal getroffene Entscheidung für das jeweilige Steuerjahr aufrechterhalten werden muss und für alle Kundengeschenke Anwendung findet. Es wird aber nicht bemängelt, wenn Sachzuwendungen an Arbeitnehmer verbundener Unternehmen vom Arbeitgeber dieser Mitarbeiter individuell besteuert werden. Die Herausforderung liegt darin, deren Meldung zur Umsetzung der Pauschalierungszwecke zu organisieren.

Da das Gesetz sämtliche Geschenke im Sinne des § 4 Abs. 5 Satz 1 Nr. 1 EStG in die Pauschalierungsmöglichkeit einbezieht, werden auch Geschenke bis zur Freigrenze für den Betriebsausgabenabzug von 35 Euro erfasst. Die Pauschalierungsvorschrift hängt also nicht davon ab, ob die Geschenke als Betriebsausgaben abzugsfähig sind oder nicht. Ausgenommen sind lediglich die Sachzuwendungen, deren Anschaffungskosten 10 Euro nicht übersteigen, beispielsweise Kugelschreiber, Kalender etc. Darunter fasst man im allgemeinen Sprachgebrauch im Regelfall die „Streuwerbeartikel". Diese müssen nicht in die Pauschalierungsvorschrift des § 37b EStG einbezogen werden.

Als Arbeitgeber können Sie entscheiden, ob Sie das Pauschalierungswahlrecht nur für eigene Mitarbeiter (§ 37b Abs. 2 EStG) und auch für Kunden/Dritte (§ 37b Abs. 1 EStG) ausüben möchten oder für beide oder gar nicht. Diese Entscheidungen können völlig unabhängig voneinander getroffen werden.

6.2.7 Gruppenunfallversicherung

Gruppenunfallversicherungen schließen Unternehmen gerne für ihre Mitarbeiter zur Sicherung bei Unfällen ab. Ob dabei ein geldwerter Vorteil entsteht, ist anhand einiger Fragestellungen zu klären.

Zunächst ist zu prüfen, welche Risiken versichert sind:

- Umfasst die Versicherung nur Unfälle im beruflichen Umfeld, so steht das betriebliche Interesse im Vordergrund und die Versicherung bleibt steuer- und sozialversicherungsfrei.

- Umfasst die Versicherung Unfälle im beruflichen und privaten Umfeld, ist diese grundsätzlich erst einmal als Arbeitslohn zu betrachten und damit steuerpflichtig und detaillierter zu prüfen.

Der nächste Prüfungsschritt umfasst das Bezugsrecht:

- Steht dieses rein dem Unternehmen zu, verbleiben die Beiträge wieder steuerfrei. Die Leistungen, die daraus entstehen, unterliegen dann allerdings der Steuerpflicht. Ob auch sozialversicherungsrechtlich Ansprüche entstehen, hängt davon ab, ob im weiteren Verlauf eine Pauschalierung der Lohnsteuer vorgenommen werden kann oder die Ermittlung der Lohnsteuer auf Basis der individuellen Lohnsteuerdaten erfolgt.

- Steht das Bezugsrecht dem Mitarbeiter zu, werden die Beiträge steuerpflichtig und die Leistungen verbleiben steuerfrei, um den Mitarbeiter im Falle eines Unfalls nicht zu belasten.

Der zu versteuernde Teil einer Gruppenunfallversicherung bzw. der Beiträge dazu kann mit 20 % pauschaliert werden, wenn mehrere Mitarbeiter gemeinsam in einem Unfallversicherungsvertrag versichert sind und der steuerpflichtige Durchschnittsbetrag 100 Euro seit 01.01.2020 pro Jahr ohne Versicherungsteuer nicht übersteigt. Versteuert das Unternehmen die Beiträge pauschal, hat dies die Beitragsfreiheit der Prämie in der Sozialversicherung zur Folge.

> **Praxistipp**
>
> Die Versicherungsteuer darf nur bei der Ermittlung der Pauschalierungsgrenze, nicht bei der Pauschalierung selbst herausgerechnet werden.

Sind pro Mitarbeiter die individuellen Prämien ausgewiesen, sind diese pauschal zu versteuern, ansonsten die steuerpflichtige Durchschnittsprämie (inkl. Versicherungsteuer).

Die Gruppenunfallversicherung birgt besonders im Bereich der Führungskräfte noch eine Vielzahl an Details, die Sie als Unternehmen mit einem Steuerberater durchgehen und besprechen sollten.

6.2.8 Internet – Erstattung von Kosten an den Mitarbeiter

Ist der Mitarbeiter Anschlussinhaber, kann das Unternehmen die vom Arbeitnehmer nachgewiesenen Internetnutzungsgebühren bis zu 50 Euro pro Monat mit 25 % pauschalversteuert erstatten. Generell können die Kosten des Internetzugangs als steuerfreier Auslagenersatz erstattet werden, wenn diese belegmäßig nachgewiesen werden, wie bereits aufgezeigt.

Mit reduzierten Nachweisen kann der Arbeitgeber als Vereinfachung die Möglichkeit nutzen, Barzuschüsse zur Internetnutzung pauschal mit 25 % zu besteuern, wenn die Zuschüsse zusätzlich zum ohnehin geschuldeten Arbeitslohn gewährt werden. Dabei können sowohl die Grundgebühr als auch die laufenden Gebühren für die Internetnutzung, z. B. eine Flatrate, ersetzt werden.

Bei einer Begrenzung des Zuschusses auf maximal 50 Euro reicht es in der Regel aus, wenn der Arbeitgeber eine Bestätigung des Arbeitnehmers über den Betrag vorliegen hat, z. B. auch als Bestandteil einer gezeichneten Einkommensvereinbarung. Wenn aber das Finanzamt hier genauere Angaben wünscht und Belege sehen möchte, dann wäre der Mitarbeiter auch in der Haftung, wenn er hier falsche Angaben gemacht haben sollte und eine Nachversteuerung würde beim Mitarbeiter direkt erfolgen. Wir empfehlen mit Blick aus der Praxis, die Beträge auf ca. 30 Euro monatlich zu begrenzen, falls ein Prüfer die echten Kosten beim Arbeitnehmer tatsächlich einmal nachfragt.

6.2.9 Mahlzeiten

Bei der Mahlzeitengewährung gegenüber Mitarbeitern sind folgende Fälle zu unterscheiden:

- Gewährung von Mahlzeiten im Rahmen einer Betriebskantine bzw. in einer nicht vom Arbeitgeber selbst betriebenen Kantine oder Gaststätte,
- Überlassung von Essensmarken/Restaurantschecks.

6.2.9.1 Gewährung von Mahlzeiten in einer eigenen Kantine

Werden Mahlzeiten in einer betriebseigenen Kantine verbilligt oder kostenfrei ausgegeben, sind diese lohnsteuer- und sozialversicherungsfrei, wenn der Mitarbeiter jeweils mindestens

6 Entgeltgestaltung durch steuerliche und sozialversicherungsrechtliche Besonderheiten

eine Eigenbeteiligung in Höhe der amtlichen Sachbezugswerte leistet. 2023 belaufen sich diese für

- ein Frühstück auf: 2,00 Euro,
- für ein Mittag- oder Abendessen auf: 3,80 Euro.

Erfolgt keine ausreichende Eigenbeteiligung des Mitarbeiters, so ist die Versteuerung des geldwerten Vorteils mit 25 % Pauschalsteuer denkbar.

Beispiel 1: Mitarbeiter zahlen derzeit 3 Euro für ein Mittagessen im Wert von 6 Euro in der Kantine. Der Sachbezugswert beläuft sich für 2023 auf 3,80 Euro, sodass der geldwerte Vorteil beim Mitarbeiter sich auf 2,20 Euro beläuft, der individuell oder mit 25 % Pauschalsteuer versteuert werden muss.

Beispiel 2: Die Mitarbeiter eines Unternehmens müssen für jedes Mittagessen ca. 4 Euro zahlen. Damit bezahlen sie mehr als den amtlichen Sachbezugswert und somit bleibt die Mahlzeit steuerfrei.

Beispiel 3: Ein Arbeitgeber stellt seinen Mitarbeitern kostenfreie Mittagsverpflegung zur Verfügung. Dabei erhalten die Mitarbeiter eine Bockwurst und eine Portion Kartoffelsalat im Wert von insgesamt 3,60 Euro.

Obwohl der Wert der Mahlzeit niedriger ist als der amtliche Sachbezugswert für ein Mittagessen, ist für die Versteuerung der amtliche Sachbezugswert anzusetzen. Der zu versteuernde Betrag beläuft sich also auf 3,80 Euro.

Diese Grundlagen finden ebenfalls Anwendung, wenn die Kantine verpachtet ist und der Arbeitgeber Zuschüsse in Form von günstigeren Mieten an den Pächter oder in Form von Essenszuschüssen begrenzt auf die einzelne Mahlzeit vornimmt.

6.2.9.2 Essensmarken/Restaurantschecks

Viele Firmen setzen mittlerweile sog. Restaurantschecks ein, die ein Mitarbeiter von seiner Firma erhält und bei einer Gaststätte oder in Lebensmittelläden bei der Abgabe von Mahlzeiten in Zahlung genommen werden. Verbleibt der Wert eines Restaurantschecks bei maximal 6,90 Euro (amtlicher Sachbezugswert von 3,80 Euro zzgl. 3,10 Euro), so ist dieser Scheck dem Mitarbeiter ohne Abzüge zu überlassen, wenn der Arbeitgeber den amtlichen Sachbezugswert versteuert.

Weitere Voraussetzungen sind folgende:

- Es muss tatsächlich eine Mahlzeit (oder zum unmittelbaren Verzehr oder zum Verbrauch während der Essenpause geeignete Lebensmittel) abgegeben werden,
- Für jede Mahlzeit darf maximal eine Essensmarke täglich in Zahlung genommen werden,
- Die Essensmarke darf nicht an Mitarbeiter ausgehändigt werden, die eine Dienstreise, Einsatzwechseltätigkeit oder Fahrtätigkeit ausüben.

Um nicht jeden Arbeitstag überwachen zu müssen, wurde eine Vereinfachungsregel eingeführt, wonach die Anpassung der Zahl der Essensmarken (Rückforderung oder Abzug im Folgemonat) für Mitarbeiter entfällt, die im Kalenderjahr durchschnittlich an nicht mehr als drei Arbeitstagen je Kalendermonat Dienstreisen ausführen, wenn keiner dieser Arbeitnehmer im Kalendermonat mehr als 15 Essensmarken erhält.

Mittlerweile gibt es Scheck-Anbieter, die nicht eingelöste Beträge für Essensmarken an den Arbeitgeber zurückerstatten. Auch hier lohnt es sich also, genau zu prüfen, mit wem man die Zusammenarbeit angehen möchte.

6.2.9.3 Mahlzeiten im Rahmen von außergewöhnlichen Arbeitseinsätzen

Mahlzeiten, die Mitarbeitern gewährt werden, bleiben unter bestimmten Voraussetzungen komplett steuerfrei. Dies ist denkbar, wenn diese im überwiegend betrieblichen Interesse durchgeführt werden, also z. B.

- bei der Teilnahme an Geschäftsessen mit Kunden und anderen „fremden Dritten",
- bei sog. Arbeitsessen, also wenn die Gewährung der Mahlzeiten dazu beiträgt, betriebliche Abläufe effizient zu halten.

Als Beispiele lassen sich hier zwei Situationen benennen:

Die 5 Gesellen eines Elektrikerbetriebs bleiben abends länger, um ein für die Stromversorgung einer Schule relevantes kaputtes Kabel zu reparieren. Der Geschäftsführer bestellt Pizza auf die Baustelle.

Bei einem Tagesmeeting wird für alle Teilnehmer ein Catering ins Haus bestellt, sodass diese das Unternehmen nicht für ein Mittagessen verlassen müssen und so die Unterbrechung des Meetings für das Mittagessen zeitlich sehr kurz gestaltet werden kann.

Verbleiben die Kosten für das Essen hier je Mitarbeiter unter 60 Euro, können diese Mahlzeiten steuer- und sozialversicherungsfrei gewährt werden.

6.2.10 Unterkunft/Wohnung

Bei der Überlassung von Wohnungen/Unterkünften ist genau zu ermitteln, ob und welche geldwerten Vorteile hier entstehen.

Dabei ist wie folgt zu unterscheiden:

Eine **Wohnung** ist eine in sich geschlossene Einheit von Räumen, die

- eine selbstständige Haushaltsführung ermöglicht,
- über eine eigene Wasserver- und -entsorgung verfügt,
- eine Küche bzw. vergleichbare Kochgelegenheit beinhaltet,
- eine eigene Toilette aufweist.

Zur Ermittlung des geldwerten Vorteils ist dabei auf die „ortsübliche Miete" (bspw. anhand von Mietspiegeln bzw. vergleichbaren Veröffentlichungen) abzustellen. Unwichtig ist, ob Sie als Arbeitgeber Mieter oder Eigentümer der Wohnung sind.

Eine **Unterkunft** ist eine Wohnmöglichkeit, die keine Wohnung gemäß der oben angegebenen Kriterien ist, d. h. bestimmte Eigenschaften fehlen. Ob die Ausstattung mit Einrichtungsgegenständen durch den Arbeitgeber erfolgt, ist unerheblich.

Anzusetzen sind die amtlichen Sachbezugswerte nach der jährlich veröffentlichten Sachbezugsgrößenverordnung, für 2023 also 265 Euro monatlich für die Gewährung einer freien Unterkunft für einen volljährigen Beschäftigten. Bei der Aufnahme in den Haushalt des Arbeitgebers oder einer Gemeinschaftsunterkunft sind in 2023 225,25 Euro pro Monat anzusetzen.

Seit dem 01.01.2020 muss aber unter bestimmten Voraussetzungen kein geldwerter Vorteil mehr bei der verbilligten Überlassung von Wohnungen an Arbeitnehmer angesetzt werden (wie bereits dargestellt wurde).

6.2.11 VIP-Logen

VIP-Logen sind ein Sonderfall der Optionen, die über § 37b EStG versteuert werden können. Da sie sich in der Praxis oftmals finden, haben sie hier individuellen Eingang als selbstständiger Unterpunkt genommen.

Beispiel: Ein Arbeitgeber mietet für ein Spiel der Eishockey-Nationalmannschaft eine VIP-Loge zum Paketpreis von 30.000 Euro. Enthalten sind neben den Eintrittskarten, einer Stadionführung und der Möglichkeit zur Eigenwerbung ein exquisites Catering während des Spiels. Der Arbeitgeber macht von den steuerlichen Pauschalierungsmöglichkeiten Gebrauch, die im →*Kapitel „Incentives"* bereits Erläuterung gefunden haben.

Wird eine Incentive-Maßnahme mit Geschäftspartnern durchgeführt, ist bei der Beurteilung der steuerlichen Abzugsfähigkeit der getätigten Aufwendungen zunächst danach zu unterscheiden, ob die Zuwendung aus betrieblichem Anlass erfolgt oder nicht.

Zuwendungen, die auf rein privater (freundschaftlicher) Ebene erfolgen, stellen privat veranlasste Aufwendungen dar, die den Gewinn nicht mindern dürfen. Insoweit gilt auch der von der Rechtsprechung aufgestellte Grundsatz, dass Incentives, die sowohl privat als auch betrieblich veranlasst sind, notfalls im Rahmen einer sachgerechten Schätzung aufgeteilt werden, wenn objektive Anhaltspunkte für eine Aufteilung vorhanden sind – das steuerliche „Alles-oder-nichts-Prinzip" ist seit einer Entscheidung des Bundesfinanzhofs aus dem Jahr 2005 passé.

Ob Aufwendungen für Incentives steuerlich geltend gemacht werden können, hängt somit von der Art und Intensität der geschäftlichen Beziehung ab:

Wird diese Maßnahme (z. B. eine Reise) in sachlichem und zeitlichem Zusammenhang mit den Leistungen des Empfängers als zusätzliche Gegenleistung für eine erbrachte Leistung gewährt, sind die dabei entstandenen Fahrt- und Unterbringungskosten in vollem Umfang als Betriebsausgaben abzugsfähig. Der Leistende hat die Reise in einem solchen Fall mit „betriebsfunktionaler Zielsetzung" zugewendet. Nutzt der Unternehmer beispielsweise ein eigenes Gästehaus, dürfen die Aufwendungen für die Unterbringung den Gewinn nicht mindern.

Die Aufwendungen für die Gewährung von Mahlzeiten sind als Bewirtungskosten mit 70 % der angemessenen und nachgewiesenen Kosten abzugsfähig. Geht es um die Bewirtung von Handelsvertretern einer Fremdfirma, können die Kosten unbeschränkt abgezogen werden, wenn sie allgemein betrieblich veranlasst sind, weil sie ausschließlich Arbeitnehmern des bewirtenden Unternehmens zukommen. Das bedeutet im Umkehrschluss, dass Bewirtungsaufwendungen für Handelsvertreter oder andere freie Mitarbeiter, die keine Arbeitnehmer des Geschäftspartners sind, aber in einer geschäftlichen Beziehung zu ihm stehen, zu kürzen sind.

Die Ausgaben sind betrieblich veranlasst, wenn sie dem Unternehmen einen wirtschaftlichen Vorteil verschaffen sollen. Dieser Vorteil kann schon in der Sicherung oder Erhöhung des unternehmerischen Ansehens sowie in der Werbung für die Produkte des Unternehmens bestehen. Ob hierfür Incentives notwendig, üblich oder zweckmäßig sind und ob die erstrebten Ziele auch tatsächlich erreicht werden, ist dabei grundsätzlich unerheblich. Als Betriebsausgaben können nicht nur Geld-, sondern auch Dienstleistungen und Nutzungsüberlassungen berücksichtigt werden.

Wird die Reise dagegen mit gegenwärtigen oder zukünftigen Geschäftspartnern durchgeführt, um allgemeine Geschäftsbeziehungen erst zu knüpfen, zu erhalten oder zu verbessern, handelt es sich um ein Geschenk. Dann dürfen die Fahrt- und Unterbringungskosten den Gewinn nicht mindern, weil sie stets über 35 Euro liegen und damit unter das gesetzliche Abzugsverbot fallen. Aus dem Gesamtpreis kann jedoch der Teil für die Bewirtungsaufwendungen herausgerechnet werden, der nur zu 30 % nicht gewinnmindernd wirkt.

Bei einem Gesamtpaket, das aus Werbeleistungen, Bewirtung und Eintrittskarten besteht, muss der Unternehmer die Aufwendungen sachgerecht in die Einzelbereiche aufteilen. Dabei darf er aus Vereinfachungsgründen pauschal je 30 % für Geschenke und Bewirtung sowie die restlichen 40 % als Werbeaufwand ansetzen.

Gelten die Aufwendungen als privat veranlasst, handelt es sich beim Einzelunternehmer in vollem Umfang um nicht abziehbare Kosten der privaten Lebensführung und bei Kapitalgesellschaften um verdeckte Gewinnausschüttungen an beteiligte Angestellte (z. B. Gesellschafter-Geschäftsführer) oder andere Gesellschafter. Das ist vor allem bei solchen Incentive-Aufwendungen der Fall, die der Leistende dem Empfänger aus persönlichen Motiven gewährt und mit denen er persönliche Interessen verfolgt.

6.3 Sonstige Leistungen an den Arbeitnehmer

6.3.1 Betriebliche Krankenversicherung

Im Rahmen der betrieblichen Krankenversicherung können Sie als Arbeitgeber für Ihre Mitarbeiter für „kleines" Geld Zusatzversicherungen abschließen. Diese betriebliche Krankenversicherung (bKv) gehört neben der Betriebsrente sowie der betrieblichen Berufsunfähigkeits- oder Unfallversicherung zu den betrieblichen Versorgungssystemen. Als Arbeitgeber können Sie anstelle einer Lohnerhöhung oder Bonuszahlung in die Gesundheit Ihrer Belegschaft investieren.

Die betriebliche Krankenversicherung bietet verschiedene private Zusatzversicherungen, die die gesetzliche Krankenversicherung ergänzen sollen, z. B. Zahnzusatz- und Brillenversicherungen, aber auch Chefarztbehandlungen oder Krankentagegeld sowie die Übernahme der Kosten für anstehende Vorsorgeuntersuchungen oder dergleichen.

Da die gesetzlichen Krankenkassen ihren Leistungskatalog immer weiter einschränken und beispielsweise die Kosten für Sehhilfen oder Zahnersatz oft gar nicht mehr übernehmen, gewinnt die private Vorsorge immer mehr an Bedeutung. Viele dieser privaten Gesundheitsversicherungen sind äußerst sinnvoll – wie viele Menschen benötigen im Laufe ihres Lebens etwa teuren Zahnersatz – doch oft sind die monatlichen Beiträge hoch oder die Versicherung kann aufgrund einer ungünstig ausgefallenen Gesundheitsprüfung gar nicht erst abgeschlossen werden.

Eine betriebliche Krankenversicherung ist immer eine Gruppenversicherung. Sie kann entweder für die gesamte Belegschaft oder aber für eine ausgewählte Gruppe abgeschlossen werden. Durch den „Mengenrabatt" sind die Beiträge meist erheblich günstiger als in einer individuell abgeschlossenen Versicherung. Zudem entfällt die normalerweise obligatorische Gesundheitsprüfung oder wird durch eine reduzierte Form ersetzt, sodass auch Personen mit Beeinträchtigungen in den Genuss einer privaten Zusatzversicherung kommen können. Bei einigen Tarifen ist es auch möglich, Familienmitglieder ebenfalls günstig mitzuversichern.

Um eine betriebliche Krankenversicherung abzuschließen, müssen bestimmte Bedingungen erfüllt sein. Zuallererst muss eine Mindestanzahl an Mitarbeitern versichert werden. Je nach Größe des Unternehmens kann die Grenze bei 5 oder auch bei 10 Mitarbeitern liegen. Dies ist jedoch abhängig von den jeweiligen Versicherungsgesellschaften. Da sehr detaillierte Prüfungen vorgenommen werden müssen, möchten wir diesbezüglich auf die Einschaltung von Spezialisten in diesem Umfeld verweisen.

Auch wenn dieses Medium etwas aufwendiger in der Einrichtung ist, so birgt es doch gerade zur Bindung der Stammbelegschaft viele Anreize, insbesondere in einer Zeit, in der Zusatzversicherungen in der Krankenkasse fast schon zu einer Art Standard geworden sind, um einen bestimmten Anspruch der Versicherten zu gewährleisten.

> **Praxistipp**
>
> Die betriebliche Krankenversicherung kann in der Regel auch nach einem Ausscheiden aus dem Unternehmen weitergeführt werden. In diesem Fall zahlt jedoch der ehemalige Arbeitnehmer selbst die anfälligen Beiträge.

In der Vergangenheit waren diese Versicherungen bzw. die Beiträge dafür im Rahmen der 44-/ heute 50 Euro–Sachbezugsfreigrenzen finanzierbar. Seit dem 01.01.2014 unterliegen sie der Steuerpflicht und können bei geschickter vertraglicher Gestaltung aber im Rahmen eines Auskunftsersuchens evtl. auf eine Pauschalsteueroption gebracht werden. Bei der Pauschalierung ist ein großes Augenmerk auf die Voraussetzungen der Pauschalierung in einer besonderen Zahl von Fällen zu legen und gleichzeitig zu überwachen, dass die Anforderungen der Lohnsteuer, nämlich die jährliche Zahlungsweise, in der Sozialversicherung Konsequenzen zeigen kann. Hier sind die Einzelfälle genau zu prüfen.

Das Urteil des BFH aus August 2018 gab die Zuschüsse zur betrieblichen Krankenversicherung wieder als anrechenbar über den 50 Euro-Sachbezug aus. Wie bereits näher erläutert, ist in solch einem Fall eine Differenzierung von Bar- und Sachlohn auf Grundlage der arbeitsvertraglichen Vereinbarungen vorzunehmen.

6.3.2 Kontoführungsgebühren

Beruflich veranlasste Kontoführungsgebühren stellen beim Arbeitnehmer zwar Werbungskosten dar. Ein Ersatz durch den Arbeitgeber ist jedoch mangels einer Steuerbefreiungsvorschrift steuerpflichtiger Arbeitslohn. Auch ein pauschalierter Ansatz ist hier nicht denkbar.

7 Einholen Auskunftsersuchen

Die sog. Anrufungsauskunft ist in § 42e EStG i. V. m. R 42e LStR und H 42e LStH geregelt. Im Rahmen dieser können Arbeitgeber und/oder Arbeitnehmer Fragen des Lohnsteuerabzugsverfahrens stellen. Zuständig ist dabei immer das Betriebsstättenfinanzamt des Unternehmens. Dieses stimmt die Auskunft ggf. mit anderen betroffenen Finanzämtern ab.

Dies kann wichtig sein, wenn ein Unternehmen z. B. mehrere Standorte mit verschiedenen Finanzämtern hat. Holen Sie sich in solchen Fällen immer die Freigabe des Finanzamtes vor Ort ein, in dessen Umfeld die Maßnahme durchgeführt werden soll. Soll eine bestehende Maßnahme ausgeweitet werden, so kann durchaus ein bereits positiv erteiltes Auskunftsersuchen bei anderen Finanzämtern vorgelegt und auf Basis dessen eine Erweiterung der Freigabe ersucht werden. Wichtig ist aber, dass Sie immer für die jeweilige Betriebsstätte eine Genehmigung vorliegen haben.

Da der Arbeitgeber einen Rechtsanspruch auf Auskunft hat, muss diese jeweils erteilt werden und kann somit dazu beitragen, Zweifelsfälle und Haftungsrisiken zu beseitigen bzw. zu minimieren. Dabei kann ein Auskunftsersuchen durchaus formlos und auch für zukünftige/geplante Sachverhalte gestellt werden. Im Rahmen des Lohnsteuerabzugsverfahrens bleibt dies auch kostenfrei für den Anfragenden.

Wichtig zu beachten ist aber, dass die Anrufungsauskunft nur gegenüber demjenigen verbindlich ist, der die Auskunft erbeten hat und dass die erteilte Auskunft nicht dauerhaft bindend ist. Ein Lohnsteuerprüfer kann diese z. B. im Rahmen einer Prüfung beenden. Allerdings kann er dies nur für die Zukunft und nicht für die Vergangenheit.

8 Exkurs Abfindung

Abfindungen werden in Deutschland für den Verlust eines Arbeitsplatzes gezahlt. Im Regelfall entsteht auf diese kein Rechtsanspruch durch eine einfache Kündigung. In bestimmten Situationen können aber Abfindungen gerichtlich fixiert oder aber im Rahmen von Verhandlungen zur Beendigung eines Arbeitsverhältnisses vereinbart werden.

In der Praxis hat sich eine gewisse Faustformel gebildet, die nicht verbindlich ist, jedoch einen ersten Anhaltspunkt zur Höhe der Abfindung bilden kann. Im Regelfall wird von einem halben Bruttomonatseinkommen pro Beschäftigungsjahr ausgegangen. Dies rechnet sich allerdings bei kurzen Arbeitsverhältnissen nicht unbedingt. § 1a KSchG sieht für die Höhe der Abfindung als Anhaltspunkt ebenfalls ein halbes Bruttomonatsentgelt pro Beschäftigungsjahr vor, wobei ein Zeitraum von mehr als 6 Monaten als ganzes Jahr gewertet wird. Entscheidenden Einfluss werden aber eher die regionalen Gepflogenheiten der jeweiligen Gerichte nehmen.

Abfindungen gehören zu den außerordentlichen Einkünften, die über mehrere Jahre erwirtschaftet wurden und in nur einem Jahr besteuert werden. Die Steuerprogression würde daher normalerweise zu einer sehr hohen Steuerbelastung des Arbeitnehmers führen.

Steuerrechtliche Betrachtung

Abfindungszahlungen unterlagen bis vor einigen Jahren noch in gestaffelter Form Steuerfreibeträgen. Heute sind Abfindungen in jedem Fall steuerpflichtig. Die Steuerlast wird aber gemildert durch die Anwendung der sog. Fünftelregelung bzw. der Berechnung der Abfindung als mehrjährigen Bezug.

8 Exkurs Abfindung

Diese steuerliche Grundlage ist insbesondere bei hohen Abfindungszahlungen von großer Bedeutung. Den Arbeitgeber trifft hier zwar keine Beratungspflicht. Im Rahmen von Abfindungsverhandlungen sollte er aber bemüht sein, seinem Mitarbeiter die steuerrechtlich optimale Gestaltung der Abfindungszahlung angedeihen zu lassen, da sich dies ja erheblich auf den Nettowert auswirken kann, den ein Mitarbeiter aus einer Abfindung beanspruchen kann.

Abfindungen, die aus Anlass einer Entlassung aus dem Dienstverhältnis vereinbart werden (Entlassungsentschädigung), sind steuerbegünstigte Entschädigungen nach § 24 Nr. 1 i. V. m. § 34 Abs. 1 und 2 EStG, wenn die Abfindung in einem Veranlagungszeitraum gezahlt wird und durch die Zusammenballung von Einkünften erhöhte steuerliche Belastungen entstehen (sog. „Zusammenballungsprinzip"). In diesem Fall wird mit der sog. Fünftelregelung eine gemilderte Progression erzielt.

Die gesamte Abfindung muss dabei grundsätzlich in einem Kalenderjahr zufließen. Wird sie in Teilbeträgen in mehreren Kalenderjahren gezahlt, unterliegt sie dem vollen Steuersatz.

Die Fünftelregelung kann nach der Rechtsprechung des Bundesfinanzhofs allerdings unter anderem dann noch angewendet werden, wenn dem Arbeitnehmer in einem Kalenderjahr die Hauptentschädigungsleistung und in dem anderen Kalenderjahr eine minimale Teilleistung zufließt. Dabei geht die Finanzverwaltung unter Berücksichtigung der vom Bundesfinanzhof entschiedenen Fälle von einer unschädlichen, minimalen Teilleistung aus, wenn die im anderen Kalenderjahr zufließende Teilleistung maximal 5 % der Hauptleistung beträgt.

Für die Anwendung der Fünftelregelung besteht darüber hinaus ein Prüfschema, welches Sie unbedingt durchgehen sollten. In nachfolgenden Schritten sind die Bestandteile dieses Schemas dargestellt:

Prüfschema

Schritt 1:

Abfindung > Gehalt,

das der Arbeitnehmer bei Weiterbeschäftigung noch bis zum Jahresende verdient hätte

→ **Fünftelregelung anwendbar.**

> **Praxistipp**
>
> Falls sich die Hochrechnung hier besonders schwierig gestaltet, ist es als Hilfsmittel zulässig, auf die Bruttolohnsumme des Vorjahres zurück zu greifen.
>
> Bei langjährigen Beschäftigungsverhältnissen reicht dieser Schritt meist aus, da sich die Abfindungen auf Basis der vorher ermittelten Faustformel durch eine entsprechend große Anzahl an Beschäftigungsjahren relativ hoch gestalten wird.

Ansonsten greifen Sie zu

Schritt 2:

Dieser vergleicht zwei Werte:

Wert 1 = Arbeitslohn, den der Mitarbeiter bei ungekündigtem Arbeitsverhältnis bezogen hätte. Zur Vereinfachung die Bruttolohnsumme des Vorjahres.

Wert 2 = Summe aus bereits gezahltem Arbeitsentgelt, Abfindung, im gleichen Jahr bezogene Nebenleistungen, weiterem Arbeitslohn beim nächsten Arbeitgeber oder Lohnersatzleistungen, wie z. B. Arbeitslosengeld.

Wert 2 > Wert 1

→**Fünftelregelung anwendbar.**

Zwei Beispiele sollen diese doch sehr theoretisch anmutenden Ansätze verständlicher gestalten:

Beispiel 1: Fritz Fröhlich bezieht ein Einkommen von 3.000 Euro monatlich und erhält zum 31.03.2022 eine Abfindung in Höhe von 25.000 Euro.

Bei Durchlaufen des Prüfschemas stellen sich folgende Fragen:

Ist die Abfindung > Gehalt?

Nein. Die Abfindung beläuft sich auf 25.000 Euro. Das Jahreseinkommen beliefe sich auf 3.000 Euro x 12 Monate = 36.000 Euro.

Das bedeutet, diese Abfindung ist als mehrjähriger Bezug zu versteuern.

Beispiel 2: Lisa Lustig hat ein Einkommen von 3.200 Euro monatlich und erhält eine Abfindung zum 31.03.2022 in Höhe von 40.000 Euro.

Ist die Abfindung > Gehalt?

Ja. Die Abfindung beläuft sich auf 40.000 Euro, das Jahreseinkommen auf 3.200 Euro x 12 Monate = 38.400 Euro.

Damit ist die Fünftelregelung anwendbar.

Unter Berücksichtigung der Fünftelregelung berechnet sich die Steuer grob wie folgt: Die Steuer für die Abfindung beträgt das Fünffache des Differenzbetrags aus der Steuerlast des normalen zu versteuernden Einkommens und der Steuerlast des um ein Fünftel der Abfindung erhöhten Einkommens.

8 Exkurs Abfindung

Vereinfacht gesprochen bedeutet dies: Sie ermitteln die Steuerlast des normalen Einkommens, indem Sie in unserem Beispiel aus der Lohnsteuertabelle die Lohnsteuer aus den 36.000 Euro Jahreseinkommen ermitteln.

Im Beispiel erhöhen Sie diesen Betrag von 36.000 Euro dann um 5.000 Euro (Abfindungssumme von 25.000 Euro : 5 = 5.000 Euro). Mit diesen 41.000 Euro gehen Sie dann erneut in die Lohnsteuertabelle und lesen den daraus resultierenden Lohnsteuerbetrag. Von diesem ziehen Sie die Lohnsteuer ab, die bereits auf die 36.000 Euro Jahreseinkommen entfallen. Den verbleibenden Betrag multiplizieren Sie mit fünf und erhalten somit den auf die Abfindung entfallenden Steuerbetrag. Dieser Betrag wird sich nicht ganz genau auf der Lohnabrechnung nachvollziehen lassen, da die Steuerparameter diese vereinfachte Berechnung nicht mehr ganz zulassen. Für eine überschlägige Berechnung ist dies aber durchaus ausreichend und auch für eine Erklärung gegenüber Ihren Mitarbeitern.

Da die Fälligkeit im Fall eines Abfindungsvergleichs eine Frage der freien Vereinbarung ist, macht es also durchaus Sinn, die Fälligkeit einer Abfindung erst für das nächste Jahr zu vereinbaren, wenn man hofft, dadurch wegen der Steuerprogression besser dazustehen. Dabei gilt es allerdings, das Insolvenzrisiko im Auge zu behalten bzw. gegenüber dem Mitarbeiter abzusichern.

Darüber hinaus lässt die Rechtsprechung zu, weitere Bestandteile – sog. Nebenleistungen – dem Arbeitnehmer zukommen zu lassen, ohne dass sich dies für den Mitarbeiter nachteilig auswirkt. Häufig wird hier z. B. die Möglichkeit der weiteren Nutzung des Firmenwagens bis zum Ausscheiden aus dem Unternehmen oder aber die zeitlich befristete Übernahme von Versicherungsbeiträgen in eine betriebliche Altersversorgung vereinbart. Der Gesetzgeber lässt dies zu, solange die Nebenleistungen maximal 50 % der Hauptleistung umfassen.

Unter Umständen können die mit einer Abfindungsregelung im Zusammenhang stehenden Kosten als Werbungskosten abgesetzt werden. Nach dem Bundesfinanzhof gilt (Leitsatz): „Es spricht regelmäßig eine Vermutung dafür, dass Aufwendungen für aus dem Arbeitsverhältnis folgende zivil- und arbeitsgerichtliche Streitigkeiten einen den Werbungskostenabzug rechtfertigenden hinreichend konkreten Veranlassungszusammenhang zu den Lohneinkünften aufweisen. Dies gilt grundsätzlich auch, wenn sich Arbeitgeber und Arbeitnehmer über solche streitigen Ansprüche im Rahmen eines arbeitsgerichtlichen Vergleichs einigen."

Es wird sich also durchaus auch für den Mitarbeiter lohnen, sich im Falle einer anstehenden Abfindungszahlung Unterstützung durch einen versierten Steuerberater zu holen.

Zwei Gestaltungshinweise dazu:

1. Abfindungen können nach Klarstellung durch die Finanzverwaltung seit Ende 2013 auch für die dauerhafte Reduzierung der Arbeitszeit aus betrieblichen Gründen gezahlt werden. Sie sind also nicht mehr zwingend an das Ende eines Arbeitsverhältnisses gebunden.

2. Auch geringfügige Beschäftigungsverhältnisse können mit Zahlung einer Abfindung beendet werden.

Praxistipp

Bei Zahlung einer Abfindung ist eine Pauschalierung nicht denkbar. Das Arbeitsverhältnis muss für den Abfindungsmonat nach den individuellen Steuermerkmalen abgerechnet werden.

8 Exkurs Abfindung

Insbesondere wenn Pfändungen bei einem Mitarbeiter anstehen, macht es Sinn, sich hier über die weitere Gestaltung Gedanken zu machen. Abfindungen sind nämlich z. B. voll pfändbar und kämen dem Betroffenen daher in einem solchen Fall gar nicht zugute. Eine Lösungsmöglichkeit könnte die Umwandlung einer Abfindung zu Teilen in eine betriebliche Altersversorgung sein. Da hier aber sehr viele Details Berücksichtigung finden müssen, ist es an dieser Stelle nicht möglich, eine kompetente Beratung zu ersetzen. Daher sollen die nachfolgenden Hinweise im Exkurs Pfändung ausreichen, um die Optionen und Möglichkeiten ein wenig klarer zu machen.

9 Exkurs Pfändungen

Unter einer Pfändung versteht man im Rahmen der Lohnabrechnung die Beschlagnahme von Gehaltsbestandteilen zum Zwecke der Gläubigerbefriedigung. Diese geschieht auf Antrag eines Gläubigers, wenn ein Schuldner offene Forderungen nicht begleichen kann. Eine Pfändung ist eine Form der Zwangsvollstreckung. In Deutschland richtet sich die Pfändung nach den Vorschriften der Zivilprozessordnung (ZPO), wonach ein Schuldner bei Einkommenspfändungen einen Teil seines monatlichen Nettoeinkommens behalten darf.

Der Arbeitgeber muss die vorgegebenen Pfändungsfreibeträge laut der aktuellen „Pfändungstabelle" gemäß § 850c ZPO beachten. Die Pfändungsfreigrenze bei Schulden richtet sich u. a. auch nach der Anzahl der Unterhaltspflichtigen. Die gesetzliche Unterhaltspflicht kann gegenüber Kindern, Eltern, Großeltern, Enkeln und Ehegatten bestehen, auch getrennt lebend oder geschieden. Unterhaltspflicht besteht auch gegenüber einem nicht verheirateten Elternteil, der ein Kind bis zum dritten Lebensjahr betreut und gegenüber eingetragenen Lebenspartnern.

Bei der Berechnung der Pfändungsgrenzen zählen natürlich nur die Personen, für die tatsächliche Unterhaltspflichten bestehen und für die auch Unterhalt gezahlt wird. Anhaltspunkt kann hier die Eintragung auf der Lohnsteuerkarte bzw. mittlerweile der über ELStAM rückübermittelte Kinderfreibetrag sein.

9 Exkurs Pfändungen

> **Hinweis**
>
> Auch wenn gemäß ELStAM ein Kinderfreibetrag von 0,5 gemeldet wurde, wird dies bei der Lohnpfändung als ein voller Unterhaltsberechtigter behandelt.

Sie sind als Arbeitgeber gesetzlich zur Lohnpfändung verpflichtet. Allerdings wird dabei der nicht pfändbare Teil oftmals zum Nachteil für den Arbeitnehmer nicht korrekt ermittelt. Der pfändungsfreie Betrag kann auf Antrag des betroffenen Schuldners erhöht werden, wenn er ansonsten den notwendigen Lebensunterhalt nicht sicherstellen kann, z. B. bei mehr als fünf unterhaltsberechtigten Personen, hohen Unterkunftskosten, Diätverpflegung.

Pfändbare und unpfändbare Zusatzvergütungen

Oftmals sind in Arbeitsverträgen zusätzliche Sondervergütungen zum regulären Gehalt vereinbart oder werden zusätzlich gewährt. Manche unterliegen voll der Pfändung, andere nur teilweise oder gar nicht.

Achtung: Voll pfändbar sind Zuschläge für Nacht-, Schichtarbeit, Zuschläge für Arbeit an Sonn- und Feiertagen, Essenszuschüsse und geldwerte Vorteile für die private Mitnutzung eines Dienstwagens.

Unpfändbar sind aber nach der Zivilprozessordnung folgende Arbeitseinkommen:

- die Hälfte des Arbeitseinkommens aus geleisteten Mehrarbeitsstunden,

- die für die Dauer eines Urlaubs über das Arbeitseinkommen hinaus gewährten Bezüge,

- Zuwendungen aus Anlass eines besonderen Betriebsereignisses und Treuegelder, soweit sie sich im üblichen Rahmen bewegen,
- Auslösungsgelder,
- Aufwandsentschädigungen und
- sonstige soziale Zulagen für auswärtige Beschäftigungen,
- Gefahrenzulagen sowie
- Schmutz- und Erschwerniszulagen – soweit diese Bezüge den Rahmen des Üblichen nicht übersteigen,
- Entgelt für selbst gestelltes Arbeitsmaterial,
- Weihnachtsvergütungen bis zum Betrag der Hälfte des monatlichen Arbeitseinkommens, höchstens aber bis zu einem Betrag von 500 Euro,
- Heirats- und Geburtsbeihilfen, sofern die Vollstreckung wegen anderer als der aus Anlass der Heirat oder Geburt entstandenen Ansprüche betrieben wird,
- Studienbeihilfen, Erziehungsgelder und ähnliche Beihilfen,
- Sterbe- und Gnadenbezüge aus Arbeits- und Dienstverhältnissen.

Nicht pfändbar sind bei Arbeitnehmern zudem:

- Einzahlungen für die Riester-Rente,
- betriebliche Leistungen für die Altersvorsorge und auch
- Beiträge für vermögenswirksame Leistungen.

Diese stehen dem Gepfändeten nämlich zum Pfändungszeitpunkt nicht zur freien Verfügung. Werden die eingezahlten Summen beim VWL–Sparen nach sieben Jahren, bei betrieblichen Altersversorgungen erst im Rentenalter ausgezahlt, könnte der Gepfändete bereits über ein Verbraucherinsolvenzverfahren und der Restschuldbefreiung schuldenfrei sein und kein pfändbarer Anspruch mehr auf diese Gelder bestehen.

Sie sehen: Selbst im Falle einer Pfändung können Sie als Arbeitgeber durch entsprechende Einkommensgestaltung Einfluss auf die Höhe der pfändbaren Bezüge nehmen und vor allem durch eine genaue Überprüfung der abgeführten Pfändungssummen Ihren Mitarbeiter entlasten. Unterschätzen Sie auch nicht, welche Wirkung es beim Mitarbeiter entfaltet, wenn Sie ihn zur Schuldnerberatungsstelle begleiten oder aber ihm die Optionen der Verbraucherinsolvenz bei Bedarf näherbringen. Bitte vergessen Sie nicht, dass die meisten Menschen nicht absichtlich in eine solche Situation gerieten und daher zwar meist peinlich berührt, echter Hilfestellung aber nicht abgeneigt sind.

10 Ausblick

Eine Vielzahl von Gestaltungsspielräumen liegt in der oftmals als langweilig verpönten Materie der Lohn- und Gehaltsabrechnung sowie den dieser zugrundeliegenden Lohnsteuerrichtlinien und der Sozialgesetzgebung. Machen Sie sich diese Themenstellungen zu eigen oder aber nutzen Sie Menschen mit fachlicher Expertise, um Ihren Mitarbeitern etwas Besonderes zu bieten. Sie sollten dabei aber keine Risiken lohnsteuerlich und sozialversicherungsseitig eingehen.

Ihr Unternehmen ist etwas Besonderes? Ihre Mitarbeiter sind der Hauptbestandteil davon und verdienen daher eine besondere Behandlung. Seien Sie gewiss, dass diese Ihnen dies danken werden.

Anhang – Abkürzungsverzeichnis

bAV	betriebliche Altersvorsorge
BetrAVG	Gesetz zur Verbesserung der betrieblichen Altersversorgung
BFH	Bundesfinanzhof
ELStAM	Elektronische Lohnsteuer Abzugs Merkmale
BMF	Bundesministerium für Finanzen
ESt	Einkommensteuer
EStG	Einkommensteuergesetz
FG	Finanzgericht
GWV	Geldwerter Vorteil
i. V. m.	in Verbindung mit
KUG	Kurzarbeitergeld
KV	Krankenversicherung
LStDV	Lohnsteuer-Durchführungsverordnung
LStH	Hinweise zu den Lohnsteuer-Richtlinien
LStR	Lohnsteuer-Richtlinien
MwSt	Mehrwertsteuer
OFD	Oberfinanzdirektion
p. a.	per anno
RV	Rentenversicherung
SGB V	Sozialgesetzbuch Fünftes Buch
SvEV	Sozialversicherungsentgeltverordnung
TVG	Tarifvertragsgesetz
VWL	Vermögenswirksame Leistung
ZPO	Zivilprozessordnung

Unser Buchtipp

Praxisleitfaden zur erfolgreichen Personalgewinnung

Gerade in kleineren Unternehmen sowie Kanzleien fehlt häufig das fachliche und methodische Wissen, wie erfolgreiche Mitarbeitergewinnung in Zeiten von virtueller Führung und Social Media aussehen kann. In diesem Fachbuch erfahren Sie, wie Unternehmen auch mit kleinen Budgets erfolgreich auf dem Markt der Jobsuchenden Sichtbarkeit erhalten und offene Stellen zeitnah besetzen können

Aus dem Inhalt:
- Personalgewinnung im Online-Zeitalter
- Zeitgemäßes Personalmarketing
- Aufbau einer Arbeitgebermarke

Praxisleitfaden erfolgreiche Personalgewinnung für KMU

ISBN Print:
978-3-96276-074-8
29,99 Euro (brutto)

ISBN E-Book:
978-3-96276-075-5
29,99 Euro (brutto)

Neugierig auf mehr?
DATEV-Bücher finden Sie unter **www.datev.de/buch** und bei unseren Kooperationspartnern **www.schweitzer-online.de** und **www.sack.de/datev-buch**.

Übrigens: Sie können unsere Bücher auch im Buchhandel vor Ort oder online erwerben.